事例から学ぶ

心理職としての援助要請の視点

「助けて」と言えない人へのカウンセリング

水野治久 監修／木村真人・飯田敏晴・永井 智・本田真大 編

金子書房

まえがき

　私たちの多くは幸せな人生を送りたいと思っている。しかしながら，人生の様々な段階で困りごとや心配事に出会う。悩みや不安を抱えないで生きていきたいと思うが，残念ながら人生はそう甘くはない。そんなとき，問題解決の支援をしてくれるのが専門家である。上手に専門家の支援を受けながら人生を歩むという生き方も大事にされるべきだと思っている。しかし，いざ誰かに相談しようと思っても様々なハードルがある。自分の悩みや不安は何か，この悩みや不安を誰が解決してくれるのか。本当に信頼できる専門家は誰か。どのように利用したらよいのか。お金がかかるのか。窓口の開室時間は何時から何時までか。

　一方，専門家の視点に立って考えてみると，この状況はどのような見え方をするのだろうか。悩んでいる人にいち早くアプローチするにはどうしたらよいのか。悩んでいる人が会社を無断欠勤したり，学校を休んだりするかもしれない。悩んでいる人は，相談とは異なる行動で，そのニーズを表すかもしれない。自分が関わっていたり，受け持っている人が悩んでいる場合，その人にどのように専門家への来談を勧めたらよいだろうか。

　この本の監修者と編者は「助けを求める意識・行動」に関心があり，これを「援助要請・被援助志向性」という概念で捉え，研究・実践を重ねてきた。日本心理学会などの学会でシンポジウムやワークショップも行い，多くの方に参加いただいている。「助けを求められない」「助けを求めない」人々の意識や行動に関心が集まっている。2017年3月には，『援助要請と被援助志向性の心理学――困っていても助けを求められない人の理解と援助』（金子書房刊）という本を出版した。

　専門家への援助要請に対する関心の高まりは，カウンセラーという職業が日本において職業として認知されてきたことと無縁ではないと感じている。例えば，スクールカウンセラーは中学校には配置されていることが当たり前となり，病院や行政機関においても心理職といわれている人が配置され

ている。公認心理師という国家資格も誕生した。

　一方，カウンセリングに相談に訪れる人のケースに触れると，現実場面の困りごとを抱えておられる場合，カウンセリングとともに，医療，行政の相談，福祉などの相談につがなる必要性があることもある。現実のケースに触れるたびに，相談室だけの面接を活動の中心に置きつつも，福祉や行政といった他職種との連携が必要であることもわかる。

　このような問題意識のもと，監修者と編者は，主に対人援助の専門家向けに援助要請に焦点を当てた本を編集できないかと考えた。本書の特徴として2点挙げられる。1点目は教育，医療，福祉，産業，司法といったカウンセリングの領域における援助技法として，困っている人が助けを求めやすい方法，困っている人の援助要請に対する意識や態度，行動を尊重した援助技法に言及した点である。さらにもう一点は，援助要請を精神分析，人間性心理学，認知行動療法，家族療法，コミュニティアプローチの理論に位置づけたことである。

　この2つの点は，援助要請の重要性を指摘し，数々の研究が蓄積され始めてすでに20年近くが経過する中で，画期的なことであると感じている。援助要請の重要性の理解，基礎的な研究の実施，援助要請の視点を活かした実践の蓄積を経てようやく，援助要請の視点がカウンセリングの中に位置づけられていくことになるからである。

　各章の執筆は各領域，各技法で最先端の研究と実践を積み上げられている研究者，実践家にお願いした。またコラムは当事者としての経験がある方々にも執筆いただき，援助の現場からの問題提起を行っていただいた。それぞれの研究者，実践家の方に架空事例を作成していただき，援助要請の視点から解説をお願いし，援助について踏み込んで執筆していただいた。そのため，各章・コラムについては，立場によって異なる見解もある。その違いについてはそれぞれの立場の見解としてご理解いただければ幸いである。

　本書は，現在，各領域で活躍されているカウンセリングの関係者の方，またそれを目指す大学院生に手にとって読んでいただきたい。さらに，公認心理師，臨床心理士，学校心理士，臨床発達心理士の養成コースでも利用いただきたい。加えて，援助要請は公認心理師の平成30年版および平成31年版公認心理師試験出題基準（ブループリント）にも記載されている。公認心理

師の試験対策，事例問題対策としてお使いいただければ幸いである。心理学科の学生のゼミナール，カウンセリングの理論や技法の教科書や参考書としても十分に使えるようになっている。ぜひ手にとっていただき，ご感想，ご批判を監修者までお寄せいただければ幸いである。

　最後になったが，今回も金子書房編集部の天満綾様には企画の段階から温かくご支援いただき，また原稿作成の折には，的確なご指摘をいただいた。深く感謝している。

　この本が世に出ることで，困っていても助けを求められなかった人が援助につながり，少しでも意味のある人生を歩んでほしいと願ってやまない。

2019年3月

水野治久

もくじ

まえがき…i
水野治久

第1部 援助要請をどう理解するか

1 臨床における援助要請の問題…002
木村真人・飯田敏晴・永井 智

1 援助要請の実態…002／2 心理学における援助要請…004／
3 臨床場面における援助への抵抗…006／
4 援助要請という視点の共有に向けて…008

第2部 実践現場からみた援助要請

教 育

2 子どもの援助要請を考慮した援助…010
水野治久

1 子どもの援助要請パターンを知る…010／
2 事例とポイントの解説…011／3 まとめ…017

3 学校で行う保護者への支援と援助要請…018
本田真大

1 学校に相談しない保護者の心理…018／
2 事例とポイントの解説…020／
3「不器用な援助要請」の背後にある「本当の訴え」に共感する…024

4 学生相談実践における援助要請の視点…026
木村真人

1 悩みを抱えていながら相談に来ない学生の理解と支援…026／
2 事例とポイントの解説…027／
3 援助要請の視点を生かした学生相談実践に向けて…033

医 療

5 精神障害についての援助要請と支援…036
梅垣佑介

1 援助要請の難しさと「援助要請の視点」…036／
2 事例とポイントの解説…037／3 全体の解説…043

6 性感染などスティグマを伴う問題と援助要請…044
飯田敏晴

1 性感染などのスティグマを伴う問題と援助要請…044／
2 事例とポイントの解説…045／3 まとめ…051

福祉

7 子ども虐待への支援と援助要請…054
千賀則史
1 子ども虐待への支援の困難さ…054／
2 事例とポイントの解説…055／
3 心理職に求められること…060

8 子ども・子育て支援と援助要請…062
本田真大
1 子ども・子育て支援と援助要請…062／
2 事例とポイントの解説…064／
3 他職種へのコンサルテーションに援助要請の知見を活かす…068

9 援助要請の促進による自殺予防
── 情報通信技術を用いた実践…070
末木 新
1 自殺を考える者の心理の理解と支援…070／
2 事例とポイントの解説…072／3 まとめ…077

産業

10 事業所内の相談窓口における援助要請…080
関屋裕希
1 心身の不調を抱えていながら相談につながらない従業員の理解と支援…080／2 事例とポイントの解説…081／
3 全体の解説…087

11 EAPにおける援助要請…088
榎本正己
1 働く人々のストレスと援助要請の相手…088／
2 EAPの源流と日本での拡がり…089／
3 事例とポイントの解説…089／4 全体の解説…095

司法

12 犯罪被害者の援助要請…098
米田弘枝
1 犯罪被害者の心の傷…098／
2 犯罪被害者の援助要請行動の実態…099／3 支援の方法…099／
4 事例とポイントの解説…101／5 全体の解説…105

13 非行と援助要請…106
村尾泰弘
1 非行少年の援助要請…106／2 事例とポイントの解説…107／
3 家族支援の基本…114

第3部 心理療法からみた援助要請

14 精神分析からみた援助要請…118
田中健夫
1 援助要請を考える手がかりとなる精神分析の概念…118 ／
2 精神分析の発想…119 ／
3 来談前の無意識的空想の投影の影響…120 ／
4 抵抗は起こるものである…121 ／
5 転移(抵抗)の扱いの実際…122 ／
6 依存の苦痛と,変化することの怖さ…123 ／
7 「治療0期」におこなう仕事への着目…124

15 人間性心理学からみた援助要請…126
金子周平
1 人間の全体性を重視する立場…126 ／
2 援助要請の困難さの人間性心理学的理解…127 ／
3 援助要請に関する人間性心理学の理論…128 ／
4 援助要請が困難なクライエントに対する促進的技法…130 ／
5 まとめ…132

16 認知行動療法からみた援助要請…134
石川信一・肥田乃梨子
1 認知行動療法における援助要請の理解…134 ／
2 面接における対応の工夫と留意点…135 ／
3 まとめ…141

17 家族療法・家族支援からみた援助要請…142
藤田博康
1 家族での援助要請の難しさ…142 ／ 2 家族の閉鎖性…143 ／
3 家族としての援助要請という視点の持ちづらさ…144 ／
4 家族面接における援助要請の温度差…145 ／
5 家族面接での対応,工夫,留意点…146 ／
6 個々のメンバーへの共感的なかかわり…147 ／
7 問題の成り立ちや維持の「からくり」を見立てる…148 ／
8 おわりに…149

18 コミュニティアプローチからみた援助要請…150
大西晶子
1 人と社会の関わり──援助を求めることに関して…150 ／
2 助けを求めるという行為を説明する従来のモデル…150 ／
3 コミュニティアプローチからみた援助…151 ／
4 助けを求めやすいコミュニティの構築…154

第4部

まとめ **19 心理職に求められる援助要請の視点**…160
本田真大・飯田敏晴・木村真人
1 援助要請研究の実践への応用…160 ／
2 今後勉強していく人のために…163

当事者の声・支援者の声
- **1** 薬物依存症の普通を想う　久世恭詩　…034
- **2** 非行への支援のために　渋谷幸靖　…052
- **3** 精神疾患に悩む人の心理的負担
　　――当事者,そして援助職の立場から思うこと　匿名　…078
- **4** 性的マイノリティ支援のために
　　――支援を受ける前の葛藤　飛嶋一歩　…096

教員の声・支援者の声
- **5** 小学校の学級担任が抱える援助要請の困難　四辻伸吾　…116

被災者の声・支援者の声
- **6** 大災害時における被災者の援助要請　久田満　…158

監修者・編者紹介…168
執筆者一覧…169

本文デザイン／mg-okada

第1部 援助要請をどう理解するか

1 臨床における援助要請の問題

木村真人・飯田敏晴・永井 智

　心理的な援助ニーズを抱える人に対して，心理職は専門的な**心理的援助サービス**を提供する。しかしながら，ニーズを抱える人すべてが，必要とする援助サービスを求めたり，利用するわけではない。この現象は，**サービスギャップ**（Stefl & Prosperi, 1985）と呼ばれる。専門的な心理的援助サービスを必要とする人々に，いかにそのサービスを届けるか。このギャップを埋めるべく，援助を求める側・サービスを利用する側の視点に焦点を当てた**援助要請**（help-seeking；医学系の研究領域では援助希求と訳すことが多い）の観点からの研究が進められてきた。本章ではまず，様々な臨床領域における援助要請の実態について概要を示す。

1 援助要請の実態

　まず，医療領域における援助要請の実態について述べる。WHOが14カ国で実施したメンタルヘルスに関する調査によれば，過去12カ月にDSM-Ⅳ（精神疾患の診断・統計マニュアル）のいずれかの精神疾患の診断基準に該当した人は4.3〜26.4％おり，そして重度の精神疾患に該当する場合において，過去12カ月にいずれの治療も受けていない人の割合は，先進国では35.5〜50.3％，発展途上国では76.3％〜85.4％にのぼる（WHO World Mental Health Survey Consortium, 2004）。日本の調査結果（Ishikawa et al., 2016）では，DSM-Ⅵのいずれかの精神疾患の診断基準に該当する人は，生涯有病率では20.3％，過去12カ月では7.6％と報告されている。そして，過去12カ月にいずれかの精神疾患の診断基準に該当した人で，何らかの治療を受けた人はわずかに21.9％であった。つまり78.1％の人はその疾患の

治療を受けていないということである。いずれの治療も受けていない人の割合について、疾患の分類ごとで比較すると、気分障害は61.3％、不安障害が75.9％、物質使用障害は83.7％と疾患によって異なる。なお、重度の精神疾患に該当する場合でも、53.3％の人はいずれの治療も受けていなかった。この調査結果からも、わが国のメンタルヘルスに関わる問題において、サービスギャップが存在することがわかる。

　教育領域における代表的な調査としては、いじめの問題に関するものがある。文部科学省の調査（文部科学省初等中等教育局児童生徒課, 2018）では、「本人からの訴え」がいじめ発見のきっかけとなるケースは、小学校で16.1％、中学校で24.3％、高等学校で22.7％、特別支援学校で20.9％であった。また、いじめられた児童生徒の相談状況として、「誰にも相談していない」児童生徒は、小学校で5.5％、中学校で6.6％、高等学校で10.8％、特別支援学校で9.1％存在する。このように、いじめ被害を受け、それを誰かに相談することは難しいことがわかる。その他、大学生を対象とした不安や悩みに関する調査では、回答時に何らかの不安や悩みがあると回答した学生のうち、「誰とも相談しない」と回答した学生は、14.8％にのぼった（日本私立大学連盟学生委員会, 2018）。

　福祉および司法領域に関連するデータとしては、例えば親密な他者との間における暴力の問題がある。内閣府の「男女間における暴力に関する調査報告書」によれば、交際相手からの暴力では41.2％、配偶者からの暴力では48.9％の人がどこ（だれ）にも相談しなかったことが報告されている（内閣府男女共同参画局, 2018）。また、平成29年度犯罪被害類型別調査（警視庁, 2018）では、犯罪被害類型別の相談状況についての調査結果が報告されている。過去に犯罪等被害にあったと回答した本人または遺族（交通事故、殺人のみ）の、被害にあった際の相談状況では、「どこにも（誰にも）相談していない」と回答した人は、全体では38.6％、犯罪被害類型別では、児童虐待（74.3％）、性的な被害（52.1％）、配偶者からの暴力（DV）（32.8％）、殺人・殺人未遂または傷害等の暴力被害（31.8％）、ストーカー（23.9％）交通事故（21.5％）という結果だった。

　最後に、産業領域における援助要請の実態に関するデータとしては、平成29年労働安全衛生調査（実態調査）（厚生労働省, 2018）がある。現在の自分

の仕事や職業生活での不安，悩み，ストレスについて相談できる人がいる労働者の割合は91.8％と，多くの労働者が相談できる人がいると答えているが，一方で，「相談できる人はいない」と回答した労働者も6.6％いた。さらに，相談できる人がいると回答した人の中でも，15.7％の人は，実際に相談しなかったと回答している。

以上のように，メンタルヘルスの問題を抱えたり，自分一人では解決できない問題や悩みを抱えたとしても，そのすべての人たちが支援を求めるわけではないことが，データからも明らかとなっている。

2 心理学における援助要請

支援を必要としている人に支援を届けるためには，コミュニティなど社会制度上の取り組みと，現場での個別的な取り組み双方の視点から方策を検討することが必要である。社会制度的な取り組みの例として，2008年よりイギリスで実施されている**心理療法アクセス改善**（Improving Access to Psychological Therapies: IAPT）がある。これは，エビデンスに基づく治療法を習得したセラピストを積極的に養成し，そうした心理士の配置やスーパーバイズ，治療効果の検証等を義務付けていくことで心理支援の供給を増やすことを目指した取り組みである。実際，このIAPTによって，治療を受けた人数やその回復率の上昇が報告されている（Layard & Clark, 2014）。

しかし，社会的な制度が整ったとしてもなお，支援を必要とする人がそれを利用しないことがある。援助要請を促進するためには，援助機関の整備に加えて，援助を求めやすくするような様々な工夫や配慮が求められる。そしてそのためには，なぜ人は援助要請をためらうのかという点についての理解が不可欠である。心理学ではこうした問題意識から，助けを求める行動である援助要請や，カウンセリングやメンタルヘルスサービスの専門家，教師などの職業的な援助者および友人・家族などのインフォーマルな援助者に援助を求めるかどうかについての認知的枠組みである**被援助志向性**（水野・石隈, 1999）についての研究が行われている（水野, 2017）。

(1) 心理学的にみた援助要請をためらう心

そもそも，援助を受けることは必ずしもよいことだけではない。社会心理学の領域では，支援を受けること自体が自尊感情への脅威になりうるとされてきた（Fisher et al., 1982）。例えば，援助要請は援助者に負担をかけさせることにもつながり，援助要請者は負債感を感じることがある。また人に頼ってばかりいると，甘えや依存，あるいは問題解決能力が不足しているなどのマイナス評価につながる可能性もある。

自尊感情への脅威は，心理的援助の専門家に援助を要請する場合のように，本来，負債感を抱く必要のない時でも生じる。代表的な要因に**スティグマ**がある。スティグマとは，特定の属性（例えば，精神疾患やLGBT，貧困等）に対する偏見やステレオタイプと，それに伴う社会的排斥，自尊感情の低下などのことである。例えば，「精神疾患は本人の心の弱さの問題である」「精神疾患を持つ人は危険だから近づかないほうがよい」等，現代社会には依然として，様々な偏見やステレオタイプが存在する。こうした偏見は，問題を抱える本人の内面にも取り込まれることがある。すなわち，「うつ病になったのは，自分自身の弱さが問題なのだ」「自分の責任なのだから精神科などに頼るべきではない」といったように，自らに対してこうした見方を向けるようになるのである。その結果，問題を抱える個人は，自らの状態を開示し，援助を求めることを躊躇してしまうと考えられている（Corrigan, 2004）。

このように，援助要請には様々な阻害要因が存在する。しかし一方で，援助要請の促進要因に注目することも重要である。促進要因の代表的なものに，**援助要請の利益**がある。援助要請の利益とは，援助要請を行うことによって，ポジティブな結果が得られるという期待のことである。当たり前ではあるが，「援助を受けることが自分にとってプラスになる」という認識がなければ，そもそも援助要請は発生しない。そして先行研究では，スティグマ等の阻害要因などよりも，この利益の予期のほうが援助要請への影響力は高い可能性が示唆されている（Li et al., 2014）。

(2) 援助要請をいかにして促すか

こうした研究を受け，これまで各国で援助要請を促進するための実践や研

究が行われてきた。しかしながら，援助要請を促進するための取り組みについては現在も試行錯誤が続いている途中であり，いまだ有効な方策は十分確立していない。その中で注目されている手法のひとつが，メンタルヘルスリテラシーの向上を目指す介入である。メンタルヘルスリテラシーとは「気づき，マネージメント，予防を促進するような，精神疾患についての知識と信念」とされ（Jorm et al., 1997），個人が持つ精神疾患に対する知識や理解，判断等，様々な要素を含む。諸外国では，メンタルヘルスリテラシーの増進を図るような心理教育などを通して，スティグマの低減や，利益の予期の促進などが試みられている。

3 臨床場面における援助への抵抗

　ここまで主に，支援を必要としている人が支援の場に来ないという問題について述べた。しかし，実際に支援の場に訪れることができたとしても，そこで支援を受け入れるまでには，ハードルが存在することがある。

　例えば，学校臨床の場面では，生徒は教師に促されてスクールカウンセラー（以下，SC）のもとへ訪れることが多くある。こうした生徒は，相談の場に訪れはしたものの，目の前のSCに「助けてもらいたい」という心の構えは十分できてはいないことが多い。そのためSCは，まず生徒が支援の文脈へと移行できるよう働きかけていく必要がある。

　こうした問題は，本人が自主的に来談した場合でも同様に生じることがある。心理臨床の場で支援を受けるためには，自分の心の深い部分をさらけ出すことになり，それは非常に無防備な状態を作り出す。またほとんどの場合，クライエントは心理臨床の場で何をするのか，何が起こるのかを事前に知っているわけではない。そのため，半信半疑で相談場面に訪れたものの，「本当にカウンセリングでよくなるのか」という不安を抱えているクライエントや，「よくはなりたいが，自分のことはあまり話したくない」というクライエントも少なくない。また，前節で挙げたように，そもそも援助を受けること自体が自尊感情への脅威となることがあり，そうしたことへの不安や抵抗は，面接場面の中でも同様に体験されうるものである。

　つまり，スティグマなどの要因を乗り越えて専門家のもとを訪れることが

できたとしても，援助要請者は支援者との関係性の中で様々な不安や恐れを感じるものである。こうした不安や恐れは，援助要請者が心を開いて自らの経験を話すことをためらわせるなどの形で，支援のプロセスに影響を与える。あるいは，ときにカウンセラーを試すような振る舞いとして表出されることもある。そのため支援者は，援助要請者が自ら相談場面に訪れた場合であっても，援助を受けることに対して何らかの抵抗感を有している可能性に留意しなくてはならない。

精神分析では，こうした面接場面での患者の様々な体験・行動を**抵抗**と名付け概念化してきた。例えば，精神科医の土居（1961）は，精神科医療の中で精神療法の導入を勧める際，患者には様々な体験が生じることを指摘している。具体的には，精神療法を勧められることが，心の問題が自分自身の責任であると宣告されたように感じられ，治療へのためらいが示される場合や，精神療法に対する懐疑的な態度が示される場合などである。また，実際に臨床の中で自分自身のことを話すには，自らの秘密を開示する必要がある。しかし，秘密の内容によっては，開示することが恥の感覚を生じさせる場合がある。また，その秘密が部分的にでも自分の支えとなっているような場合，開示することで精神療法の介入対象となり，奪い去られるのではないかといった抵抗が生じることもある。このように，導入時あるいは実際の面接の場などにおける様々な体験が，患者が支援の文脈へ参加することへの抵抗となりうるのである。

もちろん面接の場で生じるのは，こうした明確な抵抗だけではない。土居（1961）は他にも，治療者に魔術的効果を期待し，自分自身が主体的に治療に参加することを考えていないという場合や，一見治療に協力的であるものの，知的な側面でのコミュニケーションに終始し，自ら変化することを忘却している場合等，様々な形の抵抗があることを指摘している。このように，一見治療者への期待や協力がみられる場合でも，そのような患者の姿勢が，自身の変化に向けて主体的・積極的に支援の文脈へ加わることの妨げとなっていることがあるのである。

抵抗は様々な次元やメカニズムで生じるものであるため，援助要請という視点のみで論じることは適切ではない。また，こうした現象をどのように捉えるかは，それぞれの支援者が依拠する理論によっても異なるであろう（詳

細は第3部）。しかしいずれにせよ，面接場面の中においても援助を受けることへの抵抗は古くから馴染みの現象として知られている。

いうまでもなく，こうした抵抗を示すクライエントも支援を必要としていることがほとんどである。そしてこうした抵抗は，一方でクライエント自身の心の安定を守る上で重要な役割を負っていることも少なくない。臨床に携わって日が浅い者にとっては，こうしたクライエントの振る舞いは戸惑いを感じさせるものであるかもしれないし，場合によっては，「自分から助けを求めておいて，なぜ協力的でないのだろう」と不安や苛立ちを覚えるかもしれない。しかし支援のためには，こうしたクライエントの体験・行動を，単なる妨害的な要素として捉えるのではなく，その意味を丁寧に探っていくプロセスこそが重要である。そのため支援者は，クライエントが支援や治療を受ける際のこうした現象を十分理解することが重要である。

4 援助要請という視点の共有に向けて

このように心理臨床においては，支援を必要とする人がそもそも支援の場へ訪れない，あるいは訪れたとしても，そこで十分な支援の文脈に乗ろうとしないということが往々にしてある。こうした現象は，少しでも臨床の現場に触れたことのある方にとっては，少なからず経験のあることであろう。そのため支援者は，援助要請の問題についての理解と対応が必要である。

一方，様々な心理臨床の現場では，それぞれの現場の事情に応じた，スティグマの低減や，援助要請における利益の予期促進，相談開始後の不安や抵抗感低減など，困難を抱えた者が支援を受けやすくできるための様々な視点・工夫がすでに存在している。また，援助を受けることをためらうという現象については，精神分析をはじめとする様々な心理療法の理論において，考察が重ねられてきた。つまり，「援助要請」という言葉自体は用いられずとも，心理臨床の場における援助要請にまつわる問題には，すでに様々な知見が存在するのである。そのためわれわれ心理臨床に携わる者は，こうした知見を「援助要請」というキーワードのもとに共有し，適切な援助要請促進のための取り組みを行っていくことが重要である。そこで本書の第2部および第3部では，それぞれの現場の特性や，そこに訪れる人々の特性，そ

して支援者の拠って立つ理論的立場等に基づく，様々な視点と工夫について述べていく。

■引用文献

Corrigan, P. 2004 How stigma interferes with mental health care. *American Psychologist*, 59, 614-625. doi: 10.1037/0003-066X.59.7.614

土居健郎 1961 精神療法と精神分析. 金子書房.

Fisher, J. D., Nadler, A., & Whitcher-Alagna, S. 1982 Recipient reactions to aid. *Psychological Bulletin*, 91, 27-54. doi: 10.1037/0033-2909.91.1.27

Ishikawa, H., Kawakami, N., Kessler, R. C., & the World Mental Health Japan Survey Collaborators 2016 Lifetime and 12-month prevalence, severity and unmet need for treatment of common mental disorders in Japan: Results from the final dataset of World Mental Health Japan Survey. *Epidemiology and Psychiatric Science*, 25, 217-229. doi: 10.1017/S2045796015000566

Jorm, A. F., Korten, A. E., Jacomb, P. A., Christensen, H., Rodgers, B., & Pollitt, P. 1997 "Mental health literacy": A survey of the public's ability to recognise mental disorders and their beliefs about the effectiveness of treatment. *Medical Journal of Australia*, 166, 182-186.

警視庁 2018 平成29年度犯罪被害類型別調査 調査結果報告書. http://www.npa.go.jp/hanzaihigai/kohyo/report/h29-1/index.html（2019年3月31日閲覧）

厚生労働省 2018 平成29年「労働安全衛生調査（実態調査）」の概況. https://www.mhlw.go.jp/toukei/list/dl/h29-46-50_gaikyo.pdf（2019年3月31日閲覧）

Layard, R. & Clark, D. M. 2014 *Thrive: The power of evidence-based psychological therapies*. Penguin UK: London.

Li, W., Dorstyn, D. S., & Denson, L. A. 2014 Psychosocial correlates of college students' help-seeking intention: A meta-analysis. *Professional Psychology: Research and Practice*, 45, 163-170. doi: 10.1037/a0037118

水野治久 2017 援助要請・被援助志向性の研究と実践. 水野治久監修，永井智・飯田敏晴・本田真大・木村真人編 援助要請と被援助志向性の心理学──困っていても助けを求められない人の理解と援助. 金子書房, pp.2-11.

水野治久・石隈利紀 1999 被援助志向性,被援助行動に関する研究の動向. 教育心理学研究, 47, 530-539. doi: 10.5926/jjep1953.47.4_530

文部科学省初等中等教育局児童生徒課 2018 平成29年度児童生徒の問題行動・不登校等生徒指導上の諸課題に関する調査結果について（その1）. http://www.mext.go.jp/b_menu/houdou/30/10/__icsFiles/afieldfile/2018/10/25/1410392_1.pdf（2019年3月31日閲覧）

永井智 2017 中学生における友人との相談行動──援助要請研究の視点から. ナカニシヤ出版.

内閣府男女共同参画局 2018 男女間における暴力に関する調査報告書. http://www.gender.go.jp/policy/no_violence/e-vaw/chousa/pdf/h29danjokan-12.pdf（2019年3月31日閲覧）

日本私立大学連盟学生委員会 2018 私立大学学生生活白書2018. http://www.shidairen.or.jp/files/user/4372.pdf（2019年3月31日閲覧）

Stefl, M. E. & Prosperi, D. C. 1985 Barriers to mental health service utilization. *Community Mental Health Journal*, 21, 167-178.

WHO World Mental Health Survey Consortium 2004 Prevalence, severity, and unmet need for treatment of mental disorders in the World Health Organization World Mental Health Surveys. *JAMA*, 291, 2581-2590. doi: 10.1001/jama.291.21.2581

第2部 実践現場からみた援助要請

教育

2 子どもの援助要請を考慮した援助

水野治久

Introduction

　学校という場において，子どもが自らすすんで援助要請することは少ない。加えて，学校は現実原則に則り，子どもを現実社会に向けて社会化させる機能を持つ場所であるので，指導的な側面が強い。しかしながら，子どもは授業，学級経営，行事など，様々なプログラムのもとで学校生活を送っている。学校における子どもの援助では，こうした学校という場の特徴を活かすことが大事だ。子ども本人がスクールカウンセラーに援助を要請しないのであれば，教師や保護者とつながり，効果的に子どもを援助する方法を一緒に考えていくという立場が有効だ。ここでは，(1)中学生の問題行動，(2)小学生のいじめの自作自演，(3)小学生の問題行動の事例から，子どもの援助要請を考慮した援助について考えていく。

1　子どもの援助要請パターンを知る

　学校における子どもの問題行動，不登校，いじめの状況は深刻である。暴力行為は小学校で増加傾向であり，全体の31.6％の学校で暴力行為が認められる。また不登校の児童生徒数，いじめの認知傾向も増加傾向であり，平成29年度の小・中・高等学校および特別支援学校における，いじめの認知件数は414,378件であり，児童生徒1,000人当たりの認知件数は30.9件である。そして小・中学校における，不登校児童生徒数は144,031人で増加傾向である（文部科学省, 2018）。

　このように多くの子どもに援助ニーズがある状況ではあるが，数々の調査によって，子どもはスクールカウンセラー（以下，SC）や教師に援助要請し

ないことが明らかになっている（水野, 2014）。これはいじめ被害においても同様である。例えば，教師に援助要請することで状況が悪くなると考える子ども（Fekkes et al., 2005），いじめ被害感の高い児童生徒は友人への援助要請を控えるという報告もある（Mizuno et al., 2018；永井, 2009）。

　子どもの問題行動や気になる行動を教師やSCがいち早く察知し，援助を提供することが望まれる。昨今の学級経営の状態がいじめ被害や不登校の増加につながる可能性を示唆する研究もある（大西, 2015；水野, 2017）。子ども個人を援助することももちろん大事であるが，子どもを学級集団の中で援助する視点も大事にしたい。以下，援助要請の視点から子どもの援助について考えたい。

2　事例とポイントの解説

SCに会いたくない中学2年生女子生徒

　中学2年生のA子は友人関係のトラブルで部活動をやめてから帰宅が遅くなりがちだ。母親と折り合いが悪く，口論することが多くなっている。6月に入るとA子は次第に登校を渋るようになってきた。昼頃に来て，保健室や職員室の前の会議室で過ごしている。A子は家族と異なる生活時間を好むために昼夜逆転し，登校が難しくなっている。さらに，友人のB子とともにSNSで知り合った異性グループと深夜に繁華街を歩いているところを警察に補導された。この学校のSCは，生徒指導担当からA子の面接を頼まれた。生活指導担当は，「A子が教員を捕まえては様々なことを話す。A子は寂しいのではないか」「SNSでの危険な行動が収まらないので心配している」と言う。母親と連絡をとっていた生徒指導担当が母親にSCとのカウンセリングを勧め，SCと母親はカウンセリングを開始した。母親もA子の面接を希望し，SCにA子の心のうちを分析してほしいと言う。養護教諭や生徒指導担当がA子にSCに会うように勧めてみた。A子は，「カウンセラーには絶対会わない！」と言

> い，保健室にこもってSCに会うことを拒否している。

ポイント❶
援助を要請しない子どもへどう関わるのか？

　A子は，カウンセリングを拒否している。SCは，生徒指導担当や養護教諭と対話を重ね，二人がA子とどのように接したらよいかを一緒に考えたい。これを**コンサルテーション**という。A子は，母親との関係で傷ついている可能性もある。また愛着の課題を抱えている可能性もある。

　SCはA子の問題行動の背景について考え，どのようにしたらA子を援助できるか，まずは保健室や会議室での支援を考えた。また，対人関係がなかなかうまくいかず，ときに過度な自己開示が多いA子について，**キーパーソン**を決めて関わることが大事だと考えた。まずは養護教諭がじっくりとA子を見ていくこと，話す時間，プリントをやる時間を決めて対応すること，そして，A子と話す時間はA子の気持ちを聞きながらも，A子が学校で充実した過ごし方ができるようになるよう関わることにした。

ポイント❷
チーム援助で多角的な援助を提供する

　A子は家族との関係で困難を抱えている。一方で，学校でも友人関係のトラブルを抱えており，現実の学校生活でも充実感を味わうことができない。

　援助要請を控える要支援者への援助は，要支援者の周囲の援助者へのコンサルテーションを行う，そして，それがうまくいけば，周囲の援助者を巻き込みチームを作る。このA子のケースの場合は，まずは養護教諭，生徒指導担当，学級担任などの教員が核となってチームを作る（図2-1参照）。このような援助方法は，学校心理学の**チーム援助**（石隈・田村，2003）の方法に則れば，「コア援助チーム」の概念に近い。

　SCは，養護教諭，生徒指導担当，学級担任でコア援助チームとしてA子の援助案を考えた。A子の保護者もチームの一員に入れることも考えたが，A子の問題行動について保護者自身が自分の養育行動に原因帰属しているために，保護者はチームに入らず，SCが保護者の気持ちをチームに代弁し，援助案に反映させることにした。

　この事例は最終的にSCとA子は会えるようになる。一緒に問題行動を起

こしていたB子がSCの部屋に入ってきたのだ。B子は問題行動は起こすが、遅刻を繰り返しながらも教室で授業を受けている。そしてB子がA子を誘い、二人で相談室に来談するようになった。木村（2018）は他者からの利用の勧めが援助要請を促進する可能性を示唆しており、学校場面でも同様のことが生起する可能性がある。

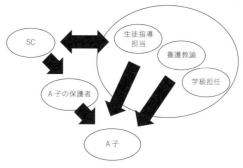

図2-1　SCの援助要請を控えるA子の援助

最終的には保健室を中心に学習面の援助を行いつつ、SCがA子とB子を面接しながら、深夜徘徊やSNSのリスクについて話し合っていった。

事例2　いじめの自作自演を疑われた小学5年生女子児童

　SCは小学校の管理職の依頼を受け、いじめ対策委員会に参加した。そこで小学5年生の女子Cのケースを担任のD先生が話した。Cがいじめ被害を訴えている。内容を聞くと、2カ月ほど前からCのランドセルに手紙が入るという。紙切れに「しね！」「くるな！」という文字が書かれていた。D先生によると、最初はD先生自身も学級の他の子どもにイタズラをされたと思っていたのだが、2通目、3通目の手紙をいじめ対策委員会で他の教員や管理職と一緒に見るとCの字とよく似ている。4通目は学級で使用している漢字用のノートであったために、D先生が子ども全員の漢字のノートを集め、全員のノートのページの状況を確認した。その結果、Cの漢字ノートだけページが1枚破られた跡があった。しかし、手紙と切れ端は一致しなかった。それとなくCに尋ねたところ、Cは一瞬、まずいという表情をしたが、「漢字の練習を失敗したので切り取った」という。Cは、「いじめられた」と母親に訴え、教室に入れなくなってしまった。

ポイント❸
Cの行動を「援助要請行動」と捉える

　日本の学校，特に小学校では，いじめなどの問題が学級の中で起こることが多い（金綱, 2015）。子ども同士の親しい人間関係の中でいじめが起こることも珍しくないが，そうした状況ではいじめの被害者は声をあげにくい。

　このような中で被害の声をあげ，援助を求めてきた場合は，学校側はこの事態を深刻に受け止める必要がある。Cの被害の申し出を受け，学校側はいじめ防止対策推進法（文部科学省, 2013）に則り，いじめ対策委員会を開いたが，加害者が特定できない。しかし，CおよびCの保護者は，この手紙の存在を学級で公にしてほしくないという。「報復が怖い」とCが怯えているという。法律で規定されているいじめの事実の確認は難しい。また，この手紙が自作自演という確証もない。

　SCは，いじめの場合でも自作自演の場合でも，Cの気持ちを学校側が受け止める必要があるとアドバイスした。そして，いじめの訴えに真摯に対応しつつも，Cが学校生活で輝けるような支援はできないかを考えることを提案した。つまり，もしいじめが存在したのであれば，Cはいじめの被害を適切に訴えたということであり，もし自作自演であれば，Cはいじめ被害ではなくて別のことをD先生に訴えたかったということになる。つまり，Cの行動を援助要請行動と捉えることである。

ポイント❹
つなげられる人間関係を用意する

　Cは現在，教室に入ることが難しく，保健室や図書室で勉強している。Cはコミュニケーションが得意ではないが，イラストを描くことが好きである。今は養護教諭や図書室にいるサポートの先生と絵本を見たり，イラストを描いたりしている。

　その後，Cは図書室でたまたま出会ったクラスメイトの女子二人と話すようになった。Cは戸惑った表情を見せたが，徐々にこの二人とイラストやアニメの話をするようになった。SCはその後もいじめ対策委員会に参加し続け，Cの状況を確認していた。一部の教師からは早く教室復帰を望む声もあったが，Cがこの二人の級友と楽しそうに話せるようになるまで待ち，まずは金曜日の5時間目のイラストクラブの活動から徐々に教室復帰してい

くことを提案した。それがクリアできたら，図工の時間に照準を合わせて教室に近づくというアイディアも考えられる。幸い，Cは2カ月ほどで教室に復帰することができた。担任のD先生は，遅れた勉強についても教室で丁寧に支援していった。教室に復帰してから数カ月が経過したころ，SCはD先生に確認したが，Cのランドセルに手紙が入ったとは聞いていない。

事例3　教室から逃亡する小学4年生男子児童

　SCは担任から以下のような相談を受けた。小学4年生のEは，嫌なことがあると学校から逃げ出すことがたびたびあり，担任をはじめ，管理職も手を焼いている。プールの授業のときに事件が起きた。運動神経は悪くないEだが，プールだけは苦手なようだ。7月のある日，プールの時間になり着替えている男子を見にいくと，Eだけがいない。すぐに，体育館の裏に隠れているところを発見した。しかしその後，2学期になっても運動会の練習のときに体育館の倉庫に隠れたり，時には校門のところまで行き，門のところで守衛さんに呼び止められたりしている。そして，11月頃になると校門から逃げようとするようになる。一度は，校門から出て，そのまま祖父母の家に行ってしまった。

　Eは7月末に一度，母親に連れられてSCのもとにやってきた。SCはEと関係を作ろうとゲームの話をしてみたが，Eは無理やり相談室に連れてこられたことに怒りを抑えきれずに面接室から出ていってしまった。母親はその後，SCのカウンセリングを一度受けた。母親は，Eが4年生の春休みに，進学塾の集中講座の教室から逃げたことについて，「逃げてばかりではダメ」とEを厳しく叱ったと言う。その後，母親が「勤務時間の調整が難しい」と，カウンセリングの継続が難しくなった。父親がEに再度，カウンセリングに行こうと誘うも，Eは相談することについて決して承諾しない。本人は「行こうと思えば学校に行ける，学校の授業がおもしろくないだけ」と言う。

ポイント❺
困り感と援助要請を組み合わせて考える

図2-2　困り感と援助要請

このケースについてSCは誰が困っているのか，誰が援助要請しているのかについて担任と一緒に考えてみた。まずEだが，今のところEは困っていない。そして援助も要請しない。もちろん，Eには困り感があることは明らかであるが，ここでは，E自身が困り感を認識していないと考える。そして図2-2に照らし合わせると，「④困り感がなく，援助要請もしない」となる。この場合，担任は「①困り感があり，かつ，援助要請もする」という位置づけだ。カウンセリングにつながらなかったEの保護者は，「②困り感があるが，援助要請を控える」に分類できる。Eのケースを援助要請という観点からみると，キーパーソンは担任ということになる。担任がSCとチームを組み，Eの援助を考えた。そして担任は，Eは大人と話すことが好きなので，SCが一人の大人としてEの興味がある話をすれば，Eと話すことができるのではないかと提案した。

ポイント❻
子どもの興味へのアプローチ

このような担任の助言を得て，SCは担任とともにEと出会うことにした。場所は小学校の相談室の前にあるソファにした。Eは大人と知的なおしゃべりをするのが好きである。特に，クイズや歴史の豆知識，そして，カードゲームなどについて詳しい。SCは担任とともに，Eの知的な興味を満たすことを心がけた。さらに，担任はSCとのコンサルテーションの中で授業づくりを考えはじめた。幸い，この学校は学力も高く，子どもたちの中にはEのように教科書どおりの授業では満足しない子どもたちも数名いる。そこで，算数や理科などについて教材を工夫したり，発展的な内容を入れるようにした。

EはSCを「勉強の話ができる人」と捉えてくれた。担任とSCでEを支え，また相談室をEの逃げ場所にしたところ，EはSCがいないときでも，相談

室の前にあるソファに座るようになった。Eは教室から逃走しなくなった。

3 まとめ

　学校で子どもを援助するSCは，子どもの**援助要請パターン**を理解し，それを尊重することが大事だ。SCは学級担任や養護教諭，保護者など，子どもを取り巻く援助者とチームを組み，援助を提供する。学校という現実場面を利用しながら子どもの学校適応を促進させていくような援助を，教師とともに提供したい。

■引用文献

Fekkes, M., Pijpers, F. I. M., & Verloove-Vanhorick, S. P.　2005　Bullying: Who does what, when and where? Involvement of children, teachers and parents in bullying behavior. *Health Education Research: Theory & Practice*, 20, 81-91. doi: 10.1093/her/cyg100

石隈利紀・田村節子　2003　石隈・田村式援助シートによるチーム援助入門 —— 学校心理学実践編. 図書文化社.

金綱知征　2015　日英比較研究からみた日本のいじめの諸特徴 —— 加害者への否定的感情と友人集団の構造に注目して. エモーション・スタディーズ, 1, 17-22.

木村真人　2018　大学生の学生相談に対する援助要請行動 —— 援助要請研究から学生相談実践へ. 風間書房.

水野治久　2014　子どもと教師のための『チーム援助』の進め方. 金子書房.

水野治久　2017　学級経営による子どもの援助 —— 問題行動と学級崩壊を予防する. 藤田達也監修　水野治久・本田真大・串崎真志編集　絶対役立つ教育相談 —— 学校現場の今に向き合う. ミネルヴァ書房, pp.167-178.

Mizuno, H., Yanagida, T., & Toda, Y.　2018　How help-seeking expectations are associated with relational and physical victimization among Japanese adolescents. *Psychology*, 9, 1412-1425. doi: 10.4236/psych.2018.96086

文部科学省　2013　別添3　いじめ防止対策推進法（平成25年法律第71号）. http://www.mext.go.jp/a_menu/shotou/seitoshidou/1337278.htm（2019年3月31日閲覧）

文部科学省　2018　平成29年度児童生徒の問題行動・不登校等生徒指導上の諸課題に関する調査結果について. http://www.mext.go.jp/b_menu/houdou/30/10/1410392.htm（2019年3月31日閲覧）

永井智　2009　小学生における援助要請意図 —— 学校生活満足度，悩みの経験，抑うつとの関連. 学校心理学研究, 9, 17-24.

大西彩子　2015　いじめ加害者の心理学 —— 学校でいじめが起こるメカニズムの研究. ナカニシヤ出版.

教育

医療

福祉

産業

司法

第2部 実践現場からみた援助要請

教育

3 学校で行う保護者への支援と援助要請

本田真大

Introduction

　いじめや不登校，学業不振など，子どもの問題状況は同時に保護者の悩みにも直結する。そのような保護者の相談相手であるスクールカウンセラーが学校にいても，保護者が相談の予約をためらったり，相談したくてもできなかったりすることがある。反対に，教師ではないスクールカウンセラーだから相談しようと思える保護者もいる。本章ではスクールカウンセラーへの相談事例を取り上げ，来談するまでの援助要請の心理と来談時の援助要請の心理について解説する。

1　学校に相談しない保護者の心理

(1) 子育ての悩みの実態

　子育ての悩みには，子どもの抱える問題状況と親（保護者）自身の悩みの両方がある（本田, 2015a）。子どもの問題状況について，保育者と教師を対象に行われた調査（泉・奥山, 2008）によれば，乳幼児と小学生には「発達の遅れ」，「他人との関わりの問題」，「行動の問題」が比較的多く見られ，小学校高学年から中学生にかけて「不登校」が多くなっている。このような子どもの実態があることは親の子育ての悩みや相談にもつながると予想される。親自身に子育てで気がかりなことを尋ねた調査結果では，小学生の母親は「犯罪や事故に巻き込まれること」，「整理整頓・片付け」，「友だちとの関わり方」が多く，中学生の母親では「整理整頓・片付け」，「犯罪や事故に巻き込まれること」，「子どもの進路」が多かった（ベネッセ教育総合研究所, 2011）。

本章ではスクールカウンセラー（以下，SC）が行う**保護者の援助要請の心理に配慮した援助方法**について解説する。

(2)　保護者の援助要請の心理

　援助要請の心理には**期待感**と**抵抗感**という2つの側面がある（本田，2015b）。父親・母親が抱く中学・高校教師への相談の期待感には，「効果予期・信頼」（納得のいく答えを返してくれる，秘密を守ってくれる，など），「共感性」（説教される心配がない，親の立場を尊重してくれる，など），「親役割」（教師と親の連携が必要だ，親だけでは解決できない，など），「他者配慮」（他の家族に勧められたから，など），がある（太田・高木，2011）。一方で抵抗感には，「共感懸念」（親のつらさを理解してくれない，他の子どもと比較される，など），「防衛」（信頼できない，異性の教師に分かってもらえるとは思えない，など），「スティグマ懸念」（成績や進路に影響して子どもに不利益になるのが心配だ，など），「要請回避」（時間が解決してくれる，結局は自分で解決するしかない，など），の内容がある（太田・高木，2011）。

　小学生の親がSCに相談するときの抵抗感（心配）には，「子どもに起こり得る危害への心配」と「親への脅威や損失（コスト）への心配」という2つがある（Raviv et al., 2003）。「子どもに起こり得る危害への心配」にはスティグマ（「友人や近所の人に『困った子だ』『問題のある家族だ』と思われる」）や問題が固定化したり増悪したりすることの心配などが含まれ，「親への脅威や損失（コスト）への心配」には，専門家に相談すると問題の存在を認めることになるという心配や家族の秘密を暴露することへの心配が含まれる。

　これらの研究成果を総合すると，親（保護者）が子育ての悩みの援助要請時に抱く心理的な期待感は「相手の援助能力を信頼できるかどうか」という点，心理的な抵抗感は「子どもと親に不利益がもたらされるのではないか」という心配であると言えよう。以降では特に相談への抵抗感に配慮した援助について例示する。

2 事例とポイントの解説

 事例1　困っていても相談に来ない保護者

　ある日SCが勤務すると，中学2学年の担任教師から相談があった。担任教師の話によれば，A（男子）が2週間前から突然学校を休み始めたそうである。担任が家庭訪問すればA，保護者ともに会うことはできるが，Aはほとんど話をしない。もともと学級でも仲の良い友人1名としかほとんど話さない生徒であり，急に話をしなくなったわけではない。保護者も教師も学校に行かない理由やきっかけはわからず，保護者も大変困っている。そこで教師は夕方の家庭訪問の折に保護者にSCへの相談を勧めたが，はっきりとした返事を得ないままであった。本日の家庭訪問で再度SCへの相談を勧めたいがよい方法はないか，という相談であった。

　担任の相談を受けたSCは保護者の援助要請の心理を考えた。すなわち，「困っていない」から相談しないのか，「助けてほしいと思わない」から相談しないのか，それとも「『助けて』と言えない」から相談しないのか，どの心理状態に最も近いのかである。教師の話から，保護者が「困っていない」ということは考えにくい。担任が家庭訪問で会えており，SCへの相談を勧められたときに断りはしなかったため，「助けてほしいと思わない」可能性も低いかもしれない。そうであれば「SCに『助けて』と言えない」，つまり相談をためらう理由があると考えた。

　SCは担任教師に「SCに相談をためらう理由が何かあるのかもしれませんね。今日の家庭訪問でSCへの相談を勧めてもはっきりとした返事をもらえなかったら，『SCに相談するとしたら，何か心配なことはありますか？』と聞いてみてください。そこがわかると相談しやすい方法が提案できると思います」と答えた。

　翌週のSCの勤務日，担任から次のような報告を受けた。

　「先週A君のお母さんに聞いてみたら，SCに相談したいけどパー

トの勤務があるのであまり休めないらしく,『何回も相談に行けないので予約するのも申し訳ない』ということと,『仕事のせいで子どもの相談に行けないなんて母親失格だと思われないかと心配で言いづらかった』ということでした。ただでさえ近所に住んでいるおじいさん（義父），おばあさん（義母）に，お母さんが悪いと責められているそうです。なので私のほうから,『1回だけSCの先生と会って話すだけでも，A君との接し方が聞けたり，お母さんの気持ちがちょっと楽になったりすると思いますよ』と伝えました。少しは納得したようで，近いうちに休みをもらって予約を入れると言っていました」

SCは担任に感謝するとともに，Aの情報と今後の指導・援助の方針を共有した。

ポイント❶
援助要請の心理状態のアセスメント

事例の中でSCが考えているように，ニーズがあると思われるが相談（援助要請）しない心理は,「困っていない（から相談しない）」,「助けてほしいと思わない（から相談しない）」,「『助けて』と言えない（から相談しない）」の3つに分類され，これら3点のどの心理状態に近いかを検討することで適切なアプローチが見えてきやすい（本田，2015a）。なお，この3つの心理状態は同じ人であっても状況によって異なること（どの心理状態にもなり得ること）に留意し,「この人はいつもこの心理状態だ」と決めつけないことが重要である。さらに，援助要請の3つの心理状態はより詳細には5つに分類され，それぞれに応じた援助方法が提案されている（本田，2015a）。

ポイント❷
複数の援助者による援助要請の促進

この事例のように，相談（援助要請）しない対象者（生徒の母親）と相談業務を主とする援助者（SC）は出会わないことが多い。もちろん相談に来る子どもや保護者，教師に丁寧に関わることが重要であるが，一方でニーズがあっても相談の場に来ない人たちへのアプローチを考えることも重要である。事例1では教師が保護者とSCをつなぐ役割を担い，SCへの相談を

促進できた。この事例のように，SCは日頃から教師に「子どもや保護者にSCへの相談を勧めたい（勧めている）が，うまくいかない」という相談も受け付けることを周知するとよいであろう。

事例2　相談に来たが，学校への不満の表明をためらう保護者

　あるSCの勤務日に小学5年生のB（女子）の母親から相談予約があった。SCが担任教師にBと母親のことを聞くと，Bは2週間くらい前に仲の良い女子グループとうまくいかなくなったようであり，クラスで一人で過ごすことが増えていたという。担任が休み時間に話しかけると嬉しそうにするものの，他の生徒がBに話しかけることは少なく，仲の良かったグループの女子もBと関わろうとしなかった。そのような中，Bの母親からSCへの相談予約があった。担任教師によれば，「相談の内容はおそらくBの友人関係のことだと思います」ということだった。

　母親は相談室の椅子に座るとすぐに，「お時間をいただきありがとうございました。今日は，Bがクラスで友だちから仲間外れにされている，と言っており，どうしたらよいか相談に来ました」と話し始めた。SCが「Bさんにどんなことがあったか教えてもらえますか？」と聞くと，母親は事前に担任教師から聞いた内容と同様の話をするものの，話しづらさがSCに伝わってきた。SCが「担任の先生は，Bさんにどのように関わっているんですか？」と聞くと，「休み時間に一人でいると話しかけてくれると，Bは言っていますし，気にかけていただけているようですけど……」と言い淀み，居心地の悪そうな様子であった。この時点でSCは〈もしかしたら，母親は担任や学校の対応に不信感があり，それをSCに言ってよいのか迷っているのかもしれない〉と感じた。そこでSCは「何か，思うところはあるけど言いづらい，という感じでしょうか？」と聞くと，母親は「……ええ，はい」と苦笑いをし，「あの，ここで私が話したことは担任の先生にも伝わるのでしょうか？」と尋ねた。

この学校では守秘義務の取扱いについては保護者に文書（お便り）を通じて周知し、面接予約時にも教師から伝えることになっているが、SCから直接、「今日ここで話したことは、最後に、誰に、どこまで、どのように伝えてよいかをお聞きします。お母さんが気になっていることや不満があることも大事なことなので、よろしかったらお聞かせください」と伝えると、母親はしばらく考えて話し始めた。

「Bが、『クラスで自分だけ仲間外れにされている。先生も他の子の味方になって仲間外れにするし、助けてくれない。もう学校に行きたくない』と泣きながら話すんです。まさか担任の先生がそんなことをするはずはないと思うのですが、Bが毎日のようにそう言って泣くし、『もう誰も信じられない』なんて言うもので。でも、担任の先生には言えませんし、かといって本当にそうかもわからないのに校長先生に聞くわけにもいきませんし……」「もし担任の先生にこんな話をしたら気を悪くされて、今後Bと距離を置かれたりしないかとも心配で……」

SCは母親の迷いや心配に共感しながら、Bが担任教師のどのような言動（出来事）を「先生も仲間外れにする」「助けてくれない」と思っているのか（認知）、それによってどんな振舞いをし（行動）、どんな感情を抱いているのか（感情）、という点からBの体験を整理しながら保護者に尋ね、さらに客観的な情報として今後学校に確認したい点と、学校への現実的な要望を明確にしつつ母親と共有していった。

教育

医療

福祉

産業

司法

ポイント❸
学校・教師への不満の言いたさと言いづらさ

保護者が学校や担任教師への不満があり、子どものことを相談する場合には、保護者は相談する（不満を訴える）ことで子どもに悪影響を及ぼすことを懸念するであろう（太田・高木［2011］の「スティグマ懸念」）。保護者が抵抗感を抱きながらもSCに相談するということは、「担任教師には言えないが、このままでは子どもがかわいそう、保護者として納得できない」、「SCなら

わかってくれるかもしれない」,「担任教師に言っても事態は改善しなそうだから, SCから学校に働きかけてほしい」など, 様々な思いやSCへの期待を持っていると思われる。ここに学校で勤務しながら教師と異なる役割を持つSCの存在意義のひとつがあると言えよう。

> **ポイント❹**
> **来談前と来談時の援助要請の心理**

事例2は来談すること（援助要請）はできたものの, 学校への不満や不信感を話すこと（援助要請）をためらっている事例である。援助要請の視点で事例を見る際には, 前者の「**来談するまでの援助要請の心理**」と, 後者の「**来談時の援助要請の心理**」の両方を分けて捉える必要があろう。相談の場には来たものの本当の訴え（希望）を語るのに抵抗がある保護者を支援する際にも援助要請の視点は役に立つ。保護者が有する相談への期待感と抵抗感に共感しつつ, 抵抗感を減じる働きかけ（事例2では守秘義務の取扱いの説明）を行うことが重要である。事例2では保護者がすぐに話し始めたため守秘義務の説明が後回しになったが, 一般的なSCのカウンセリングでは守秘義務の取扱いや面接時間など面接の構造を最初に伝えた上で話を聴くことも多いであろう。

3 「不器用な援助要請」の背後にある「本当の訴え」に共感する

来談時の援助要請の心理に特に注意を払うとよい状況には, 事例2のように来談したものの話せないでいるときのほかにも, 多弁になって話が方々に拡散してしまい本当に言いたいことがSCに伝わりにくいとき, 過剰で非現実的な訴えや要求をするときなどがある。例えば, 強い不満を訴える保護者との面接では, 非現実的な要求をSCに突き付けて「担任と校長に必ず伝えて来週までに返事をもらってください」と迫られることもある。安易に引き受けることは当然できず, かといって無下に断ることもできない状況である。このようなとき, SCは不満や要求の背後にある**客観的な事実（出来事）** と保護者の**主観的な体験（認知, 行動, 感情）** を整理しながら話を聴き,「保護者の訴えとして教師に伝えるが実現する約束までは, 今, この場

ではできない」「このような要求をするほどに保護者が怒りや苦しみを感じていることを，自分が教師に伝える」などと，SCとして確約できる範囲を誠実かつ明確に伝えることも必要となろう。

　保護者の非現実的な訴えや強い怒りは学校・教師への「**不器用な援助要請**」と受け止め，保護者の本当の訴え（希望）を聴き，SCが保護者と一緒に学校・教師への「**適切な援助要請**」（疑問や要望の伝え方）の形を作り上げていきたい。このような話し合い方を通して保護者の**援助要請スキル**（本田ら，2010）が向上すると，将来的にSCを介さなくても保護者と学校・教師の意思疎通がよりよくなると期待される。SCが保護者と学校・教師の「板挟み」にならず「橋渡し」になることが，双方にとって有益であろう。

■引用文献

ベネッセ教育総合研究所　2011　第4回子育て生活基本調査（小中版）．http://berd.benesse.jp/shotouchutou/research/detail1.php?id=3278（2019年3月31日閲覧）

本田真大　2015a　援助要請のカウンセリング――「助けて」と言えない子どもと保護者の心理．金子書房．

本田真大　2015b　幼児期，児童期，青年期の援助要請研究における発達的観点の展望と課題．北海道教育大学紀要（教育科学編），65(2), 45-54．

本田真大・新井邦二郎・石隈利紀　2010　援助要請スキル尺度の作成．学校心理学研究，10(1), 33-40．

泉真由子・奥山眞紀子　2008　保育園・小中学校が抱えるこころの問題を持つ子どもの実態調査．日本小児科学会雑誌，112(3), 476-482．

太田仁・髙木修　2011　親の援助要請態度に関する実証的・実践的研究．関西大学社会学部紀要，42(2), 27-63．

Raviv, A., Raviv, A., Propper, A., & Fink, A. S.　2003　Mothers' attitudes toward seeking help for their children from school and private psychologists. *Professional Psychology: Research and Practice*, 34, 95-101. doi: 10.1037/0735-7028.34.1.95

教育

医療

福祉

産業

司法

第2部 実践現場からみた援助要請

教育

4 学生相談実践における援助要請の視点

木村真人

> **Introduction**
>
> 「悩みを抱えていながら相談に来ない学生への対応」は，多くの大学において，学生相談の必要性の高い課題として捉えられている。援助要請の視点は，このような課題はもちろんのこと，学生相談実践の多様な場面において有用である。本章では，「過去の相談経験から自主来室した学生」と「教員から学生相談室を紹介された発達障がいの疑いのある学生」の2つの事例を通して，援助要請の視点を活用した学生相談実践のポイントについて解説する。

1 悩みを抱えていながら相談に来ない学生の理解と支援

　全国の高等教育機関を対象とした学生支援に関する調査によれば，学生支援の成果として「学生生活における支障・困難の除去」，「正課の学修成果の向上」は全国の90％以上の大学の学長等が期待している（日本学生支援機構, 2018）。「教育の一環」としての学生相談・学生支援という理念のもと（日本学生支援機構, 2007），学生相談機関には専門的な心理的援助を通じた高等教育機関への重要な役割が期待されている。しかしながら，全国の大学の84.9％が，「悩みを抱えていながら相談に来ない学生への対応」を，学生相談における必要性の高い課題と捉えている（日本学生支援機構, 2018）。
　では，学生相談機関のカウンセラーとして，悩みを抱えていながら相談をためらう学生をどのように理解し，そして支援につなげればよいのだろうか。この課題に取り組むうえで大事な点は，支援を提供する大学組織や学生相談機関側からの認識だけではなく，「学生の側の視点」から考えることで

ある。つまり，悩みを抱えて相談・支援を求める学生が，悩みを抱えること・援助を求めること・学生相談機関を利用することをどのように捉えているかという**援助要請**の視点をカウンセラーが持つということである。悩みや問題が生じてから相談するまでのプロセスにおいて生じる学生の葛藤を理解することで，カウンセラーは悩みを抱えていながら相談に来ない学生の理解と支援に向けた示唆を得ることができる。以下に，学生相談領域における援助要請の事例を提示し，ポイントを解説する。

2 事例とポイントの解説

事例1 過去の相談経験から自主来室した学生

　新年度，学生相談室のカウンセラーは，新入生のオリエンテーションでリーフレットを配布し，学生相談室の紹介を行った。広報活動も学生相談室のカウンセラーの大事な活動のひとつである。

　学生相談室の紹介が終わり，部屋に戻ると，入口の前を行き来する学生の姿が目に入った。右手には先ほど配布した学生相談室のリーフレット，きっと新入生だろう。カウンセラーが「こんにちは」と声をかけると，うつむきながら「あの，相談できますか」と心もとない応答。カウンセラーは笑顔で学生Aを迎え入れた。

　Aの話では，中学2年生のときに，クラスの女子グループから孤立，学校は休みがちとなり，その後，中学・高校と保健室登校が続いたという。高校には週1回スクールカウンセラー（以下，SC）が来ており，養護教諭の勧めもあり，毎週欠かさずSCに会い，好きなアニメや音楽のことを話していた。大学の進学が決まった3年の3学期，SCから，進学先の大学には学生相談室があるから，入学したら学生相談室に相談に行くように勧められたとのことであった。

　カウンセラーはAの話を聴きながら，〈AさんがSCに対して持っていたイメージは？〉〈Aさんにとって，SCと毎週過ごした時間は

どのような体験だったのか？〉〈AさんはSCに学生相談の利用を勧められたことをどう思っているのか？〉など思いをめぐらせていた。なぜなら，過去の専門家への相談経験が，その後の相談に対するイメージや期待，そしてカウンセリングのプロセス自体にも影響すると考えたからであった。

　そこで，カウンセラーはAに高校時代のSCとの体験についても尋ねていった。すると「保健室の先生にSCと会ってみたらって言われたときは，正直，ショックだった。自分自身の力で自分の悩みを解決できないって言われたような気がして。でも会ってみたら，私の話をじっくり聞いてくれて，悩んでいることを一緒に考えてくれて，なんか，うれしかった。SCのおかげで学校を続けることができた。でも，カウンセリングに行っていることはやっぱり知られたくない」「困ったり悩んだりしても，心配かけたくなくて，親や友だちに相談しないで抱え込んでしまって，しんどくなる，ってSCから言われた。確かにそうかもって思った。それで，大学の学生相談室でも，困ったり悩んだりしたときに，どうやって相談したり工夫すればいいか，上手な悩み方や頼り方をカウンセラーと相談してごらんって言われた」と話してくれた。カウンセラーは，Aが大学の学生相談室に期待しているであろうことや学生相談室を利用することへのためらいについても十分に考慮する必要性を感じていた。こうした観点を考慮に入れつつ，カウンセラーは，彼女の青年期特有の発達課題に対して，成長促進的に関わることとした。

ポイント❶
来室までのプロセスへの着目

　事例1では，Aは入学初日に学生相談室に自主来室した。「援助要請」という言葉で置き換えれば，学生相談室に「**援助要請行動**」をしたことになる。しかし，援助要請行動を捉える際には，行動自体の有無だけでなく，問題が生じてから実際に援助を求めるまでの一連のプロセスに着眼することが重要であり，それはまた臨床実践においても役に立つ（木村, 2017）。本人は悩みや問題をどう捉えているのか，その問題にこれまでどのように対処し

てきたのか，他者に相談することをどのように捉えているのか，相談しようと思ってから実際の来室に至るまでどのような葛藤があったのか，そしてそれらの一連のプロセスにどのような要因が影響しているかにも注意を向ける必要がある（図4-1）。

Aは，SCとの相談を通して，学校に通うことができ，自分自身の悩みとの付き合い方の課題にも気づくことができたと感じている。一方で，カウンセリングへのネガティブなイメージや，今現在もカウンセリングを利用していることを周囲に知られたくない気持ちを語っている。こうした，**相談することへの葛藤や専門的な心理的援助を利用することに対するイメージ**にカウンセラーが気づくことで，「困ったときには援助を求めてもよいのだ」と思えるようになること自体が，カウンセリングの重要な目標となることもある。また，大学コミュニティに存在する学生相談室は，大学生活の延長線上にある身近な相談機関である一方，自分の意思に反してコミュニティのメンバーに利用の事実を知られてしまうのではないかという不安を学生に抱かせる面もある。カウンセラーには，カウンセリングを受けることに対する学生の意識に配慮した関わりが求められる。

ポイント❷
過去の相談経験が及ぼす影響

AはSCへの相談経験があり，さらにSCから学生相談室の利用を勧めら

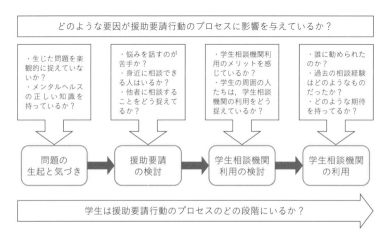

図4-1　学生相談機関への援助要請行動のプロセスからの理解

れていた。このことは，Aの学生相談室に対するイメージや期待にも影響を与えているだろう。過去の相談経験や周囲からの相談利用の勧めは，その後の援助要請に影響を及ぼすことが指摘されているが（高田，2016；木村，2006），それらの影響が必ずしもポジティブなものであるとは限らない。例えば，「相談しても役に立たなかった」「話は聴いてくれたけど，ただそれだけだった」などの声を聞くことがある。これらは，学生が相談やカウンセリングにどのような期待やニーズを持っているかを把握できる貴重な情報である。学生の期待やニーズから逸脱していることに気づかずに，カウンセラーが一方的に相談を進めてしまうことこそ，学生に不利益をもたらす結果となることを心に留めておいてほしい。

教員から学生相談室を紹介された発達障がいの疑いのある学生

　学生相談室で発達障がいに関する研修会を主催した数日後，教員のB先生から電話をもらった。授業で気になる学生がいるという。「研修で先生が説明してくれた発達障がいの特徴にピッタリなんです。学生には，学生相談室に行くように言いましたので，先生，お願いします」と，要件を一方的に話し，電話は切れてしまった。〈B先生は学生のどのような言動を発達障がいの特徴と"ピッタリ"であると捉えたのであろうか？〉〈先生はその学生になんと言って学生相談室の利用を勧めたのだろうか？〉〈勧められた学生はそのことをどのように受け止めたのだろうか？〉など，気になることや先生に確認しておきたいことなどが頭に浮かんだ。

　B先生の時間のあるときに詳しい話を聞いてみようと思っていると，「失礼します。○○学部○○学科2年のCと申します。B先生が学生相談室に行くようにおっしゃいました！　しかしながら，私は困っていません！　何も問題はありません！」と大きな声，抑揚のない口調でしゃべりながら学生が入室してきた。〈もしかして，B先生が利用を勧めた学生さん？〉と思いながら，Cと名乗る学生の突然の来室と，丁寧だが場にそぐわないしゃべり方にカウンセ

ラーは困惑した。「はい，ここは学生相談室ですよ。詳しくお話聞かせてもらえるかな？」とCの気持ちを落ち着かせるようにゆったりと優しい声で尋ねた。しかし，Cは「学生相談室は困っている人が行くところです。私は困っていません。何も問題ありません。必要ありません！　失礼します！」と語気を強め，そのまま学生相談室を出て行ってしまった。

　その後，B先生に電話をかけて経緯を説明すると，「いや，実はですね，授業でどう対応したらいいか困っていて……」と申し訳なさそうな口調で話を続けた。B先生からは，Cがいつも教室の一番前の座席に座り，はじめのうちは真面目な学生だと思っていたが，講義中に堂々とスマホをいじり動画を見る，毎回のミニレポートでは講義の内容とまったく関係のないことを書く，他の学生に質問しているのに勝手に答えてしまうなど，対応に困っていることが語られた。カウンセラーは「もしよろしければ，講義中のCさんへの指導方法について一緒に考えませんか？」とコンサルテーションを提案し，Cへの指導・対応方法について，B先生と一緒に検討することにした。

　その後，学期末のレポート課題や試験が重なる時期に，Cが再度，学生相談室に来室した。今にも泣きだしそうな表情のCは入室するなり，「私は困っています。やらなければいけないことがたくさんあります。でも締切にいつも間に合いません。先生にいつも怒られます。どうしたらいいですか。B先生に学生相談室で相談してごらん，一緒に考えてくれると思うよ，と言われました。一緒に考えてください」と一気に話し，最後に深く頭を下げて丁寧なお辞儀をした。カウンセラーは困ったときに相談することの大切さと実際に相談できたことを共有し，「いま困っていることをどうしたらいいか，一緒に考えていこう」と提案して，Cとの継続面談がスタートした。カウンセラーは発達障がいの可能性も視野に入れつつ，本人の困り感に寄り添いながら，具体的な困りごとに焦点をあてて，面談を進めた。

> ポイント❸
教職員の学生相談に対する認識

　学生が学生相談室を利用するきっかけとして，学内の教職員から勧められるケースは少なくない。したがって，学内の研修会などを通して，学生相談・学生支援の必要性や重要性を伝えたり，学生相談室の活動を紹介することは，悩みを抱えていながら相談に来ない学生を，教職員のサポートを得ながら必要な支援につなげる意味でも重要である。何より，教職員と直接顔を合わせることで，学生相談室のカウンセラーがどのような人なのかを知ってもらうことが学内の効果的な連携を進めて行く上で効果的といえる。研修会では，学生にどのように学生相談機関の利用を勧めるか，その具体的な方法も教職員に提案できるとよいだろう。

　Cは教員から学生相談室の利用を勧められたが，当初，C自身は悩みを感じておらず，相談につながらなかった。学生相談室の利用を勧めるタイミング，そしてどのように勧めるかについても，本人が援助要請行動のプロセスのどの段階にいるかを捉えた上でアプローチすることが重要となる（図4-1）。学生が共通して抱える悩みや課題（学業・就職面の課題など）は相談につなげるきっかけとなりやすいだろう（木村・水野, 2012）。しかし周りが焦って無理に勧めることで，学生相談利用への抵抗感をさらに強めてしまう可能性もある。また，本来，学生が抱えるべき悩みに対して先回りして援助してしまっては，学生が成長する機会を奪ってしまうことになりかねない。学生にとって学生相談室の利用は，それがゴールなのではなく，**悩みに取り組むためのひとつの手段**に過ぎないことを忘れてはいけない。自分でできる対処法（セルフヘルプ）や近年開発・活用が進んでいるメンタルヘルスの保持・増進に寄与するアプリやウェブサイトについての情報提供は，他者に援助を求めることに抵抗感があったり，自分の悩みに自分の力で取り組みたいと考える学生にとって有益であろう。

> ポイント❹
教職員の援助要請としての学生相談利用の勧め

　この事例は，教職員による学生相談利用の勧めを，「学生対応に関する教職員の悩みにおける援助要請行動」として捉えることもできる。つまり教職員は，学生への対応や指導に苦慮しており，その援助要請として，学生に学

生相談室の利用を勧めたということである。このように捉えると，教職員に勧められて来室した学生への支援を通して，教職員の学生対応の悩みにおける援助要請に応えることが可能となる。たとえ学生が来室につながらない場合でも，教職員への学生対応・学生指導についての**コンサルテーション**を通して，**教職員の学生対応力・支援力の向上**につながり，結果として効果的な支援がより多くの学生に届くことが期待できる。さらには，問題が深刻であったり複数の領域にまたがる場合には，学校心理学の観点から，複数の部署や関係者がチームを組んで支援する「**チーム援助**」を取り入れることも，大学の学生支援において効果を発揮するだろう（木村, 2017）。

3 援助要請の視点を生かした学生相談実践に向けて

　学生相談実践は，学生が学生相談室に来室した時点から始まるものではない。事例1のように，援助要請の視点を持つことで，学生が学生相談室に来室するまでのプロセスやその心理を理解した上での相談・援助が可能になる。さらには，事例2のように，教職員と連携・協働して学生の支援にあたる際にも，援助要請の視点を教職員と共有することで，その支援をより効果的なものにすることができるだろう。

■引用文献
木村真人　2006　学生相談利用の勧めが被援助志向性に及ぼす影響 —— 自尊感情，援助不安，学内支援者の観点から．CAMPUS HEALTH, 43(2), 113-118.
木村真人　2017　悩みを抱えていながら相談に来ない学生の理解と支援 —— 援助要請研究の視座から．教育心理学年報, 56, 186-201.
木村真人・水野治久　2012　学生相談に対する被援助志向性と援助不安の関連 —— 性差に着目した検討．臨床心理学, 12(1), 80-85.
日本学生支援機構　2007　大学における学生相談体制の充実方策について ——「総合的な学生支援」と「専門的な学生相談」の「連携・協働」．
　https://www.jasso.go.jp/gakusei/archive/jyujitsuhosaku.html（2019年3月31日閲覧）
日本学生支援機構　2018　大学等における学生支援の取組状況に関する調査（平成29年度）結果報告．http://www.jasso.go.jp/about/statistics/torikumi_chosa/__icsFiles/afieldfile/2018/11/29/1_kekka.pdf（2019年3月31日閲覧）
高田純　2016　スクールカウンセラーとの過去の関わり経験が大学生の援助要請態度に与える影響．学生相談研究, 37(2), 108-117.

COLUMN ❶　当事者の声・支援者の声

薬物依存症の普通を想う

久世恭詩（依存症回復支援施設「ひまわり」介護福祉士・計画相談支援専門員）

　「あなたは薬物依存症という病気です。よく頑張って生きてきましたね」
　思いがけない言葉に，涙があふれた。薬物をやめることができなくなって，初めての言葉だった。嗚咽交じりにむせ返りながら，ただ頷いただけだった。それから3カ月間の閉鎖病棟での入院治療。私は耐えきることができず，喫煙所にある備え付けのライターで左顔半分を燃やした。何が耐えきれなかったのか。離脱症状ではない。現実を直視することができなかった。「存在価値"0"の自分」を。すぐに保護室に運ばれ，鎮静剤を打たれ気絶する。目が覚めると焼けた顔とベッドのシーツがくっつき取れない。無理やり引き剥がすと血と共に涙も流れてきた。「普通に生きたい」——声にならない願いは，自分のうめき声に消えていった。19歳の春，精神病院の外は満開の桜が咲いていた。
　薬物依存症は，世界保健機関により「病気」として認定されている。進行性で治癒がかなわず，死に至る病である。いまだに治療法が確立されておらず，世界保健機関によれば「回復した依存症者による支援が有効である」と記されている。
　現に私も退院後，民間の薬物依存症リハビリセンターに入所し，当事者スタッフとして10年勤め，現在は大阪府堺市にて民間の薬物依存症リハビリセンターを運営している。私が回復できたのも，先に回復している当事者の支援が元となり，生き方を改善できたからだ。薬物依存症やその他の依存に陥り，なぜ「助けて」と言えなかったのか，もう少し早期に支援につながることができれば，自分の顔を焼いてしまうほど，苦しむ必要はなかったのではないか。そして，なぜ自分の存在価値を"0"と考えていたのか。私の経験から，これらについて考察してみたい。
　わが国の薬物教育は恐怖教育が基本となっている。「ダメ。ゼッタイ。」運動と呼ばれるものであり，薬物を使用する危険性と依存症に陥った際の危険性にしか言及しておらず，「薬物＝恐い」が定着している。さらに'80年代には，深夜のテレビCMで「覚せい剤やめますか？　それとも人間やめますか？」が流れていた印象が強く，「薬物をしている人間＝人間やめている」という認識が浸透している。そして，2000年代に入ってからは，「自己責任論」が日本中を包み，生活保護者，透析治療者，果ては異国の地で捕らわれた人間にまで，この「自己責任論」が浴びせられる。この社会の中で「薬物がやめられません。助けてください」と言えるのだろうか。実際に，「恐怖教育による

『ダメ。ゼッタイ。』運動」は功を奏さず，薬物事犯で逮捕検挙される者は毎年平均して16,000人に上る。刑務所では窃盗罪に次いで薬物事犯が多く，刑務所は過剰収容状態が続き，社会問題となっている。このことからすれば，多くの依存症者は援助を要請できなくなっている，と考えてよい。最近では，医療でも依存症治療への門戸を閉ざす病院が増えてきている。すぐに薬物を再使用してしまうと判断され，トラブルが多いため，医者も敬遠する風潮がある。ますます，薬物依存症者が「助け」を求めにくい社会になってきている。

　では，どうすることができるのか。それは「失敗を許容する」社会を目指すことではないだろうか。

　薬物依存症者の中には，薬物に依存することによって生き延びているという実感を持っている者が多数いる。薬物の力により「延命」しているのだ。私も薬物にのめり込む前に，当時勤めていた会社で血まみれになるほど殴られレイプされ，男としての尊厳を根こそぎ奪われた経験がある。その後，薬物（精神安定剤）などの乱用が始まり，その後，違法な薬物の使用に至り生き延びていたと考えている。そして，多かれ少なかれ薬物依存症者にはそのような過去がある者も多数いる。そのことから考えると，薬物使用の問題は，心の歪みや傷を隠すものであり，「自己治療」として使用していた可能性が高くなる。だからこそ，薬物をやめて生きていくのは辛く，社会からは「薬物依存症者＝ダメ人間」というレッテルが貼られ，社会で生きていくことが困難になる。結果，薬物を再使用してしまう。この「再使用」を失敗ととらえるか，それとも，その失敗から何を学ぶか。そして，そのことから学べるように支援することが援助要請へのハードルを下げることにならないか。世界保健機関がいう「回復者による支援が有効」は，回復者は，この失敗を失敗としてとらえず，次にステップアップするための「学び」としてとらえることができるからこそ，「有効である」と記したのではないだろうか。そうであれば，当事者以外の支援者からの支援も有効になる。われわれ支援者の力量は，目の前の苦しんでいる薬物依存症である「人間」の普通を，「声にならない願い」をどこまで思えるかではないだろうか。それができるならば，回復者だけでなくとも支援することが可能であり，なおかつ「失敗を許せる人材」が増え，「失敗を許せる社会」に近づける。「自己治療」のために薬物を使用する必要がなくなり，生き方を改善することができる。そうして「薬物依存症者」ではなく「人間」として社会の有用な一員に戻れるのではないだろうか。

第2部 実践現場からみた援助要請

医療

5 精神障害についての援助要請と支援

梅垣佑介

Introduction

　精神障害の診断がつく状態にあっても，精神科を受診したりカウンセリングに来談したりすることは依然としてハードルが高い。本章では，精神障害についての援助要請の難しさを，「うつ病の可能性を指摘され，上司の勧めで来院したケース」，「摂食障害が疑われ大学付属相談室に来談した女子高校生のケース」という2つの事例を通して説明し，援助要請の視点を活用したクライエントの理解と関わりのポイントを解説する。本章のポイントは，(1)誰が何を問題と認識し，何を目的に援助要請がなされたかを明らかにすること，(2)自発的な援助要請でなくても，どこかに治療や援助を受けることに対する動機や意欲があると考えること，(3)本人の意思を尊重すること，そして(4)医学的な治療の必要性をアセスメントすること，の4点である。

1 援助要請の難しさと「援助要請の視点」

　精神障害を抱えた苦しい状態にあっても，人はしばしば専門機関に援助要請をしない。わが国で行われた調査によると，DSM-Ⅳ（精神疾患の診断・統計マニュアル）の診断基準に該当する人のうち，過去12カ月間に治療や援助の専門機関に受診・来談した人の割合は20.0〜21.9％であった（Ishikawa et al., 2016; Naganuma et al., 2006）。病名により割合は多少異なるが，診断がつく状態にあっても，およそ8割の人は専門機関に援助要請しないのだ。
　では，何が援助要請を難しくするのだろう。援助要請の抑制要因として，認知的要因，構造的要因など様々が知られるが，その中でも知覚されたニーズの低さ，自力で問題に対処したいと考えること，問題は大したことがなく

自然によくなるだろうと考えることなどが特に援助要請を抑制すると考えられる（Andrade et al., 2014）。専門機関に受診・来談した人の中にも，治療や援助は必要ない，自分の状態はそこまで深刻でないと考えていることがあったり，自力で対処したいという思いがあったりすることは少なくない。

これを援助要請の視点からみるとどうだろう。精神病院の開放化や反スティグマのキャンペーンが進み，明るい雰囲気のクリニックなども増えてきたとはいえ，精神科やカウンセリングルームを訪れるのは依然としてハードルが高い。誰だって自分の心に問題があるとは思いたくないし，できれば自分でなんとかしたいと考えるだろう。私生活や弱みを，知らない人に話さないといけないのはそれ自体が苦痛を伴うし，苦労して話した内容から◯◯障害といった病名がつけられるのはよい気がするものではない。治療や援助に際しては，誰もが抱くこういった葛藤や抵抗感に配慮する必要がある。

一方で，自分の意思で受診・来談した場合だけでなく周囲に勧められて受診・来談した場合であってもなお，その人の中のどこかに援助を受けることへの動機が潜んでいることが多い。したがって，可能なら自力で対処したいという健康的な願望を支持しつつ，必要なところで専門家が力を貸すことができると伝えることが重要だろう。

以下に，精神障害で援助を求めた場合の事例を二つ提示し，ポイントを解説する。

2 事例とポイントの解説

事例1 うつ病の可能性を指摘され，上司の勧めで来院したケース

大手銀行で働くＡ（40代後半・男性）。2カ月ほど前から元気がなく，挨拶をしても返答がないなどボーっとしている様子である，仕事でミスが目立つようになったなどの変化から上司がうつ病を疑い，一度病院で診てもらうようにと勧め，総合病院の精神科外来に来院した。

朝の外来にスーツ姿で来院したAは，対応した看護師に「上司に言われたから病院に来た」と話し，早く診察を終えて仕事に向かいたいという様子だった。
　医師の診察の前に，心理士が話を聞くことになった。心理士が「上司の方に勧められて来院されたとのことですが，上司の方からは何と言われましたか？」と尋ねると，「普段の様子をみて，うつ病かもしれないから一度病院で診てもらうようにと言われた」と答えた。「上司の方はうつ病かも知れないと思われているようですが，Aさんご自身はどのように思われますか？」と尋ねると，「うつ病は心が弱い人がなるもので，自分とは無縁だと思う」と話し，本人としては問題なく仕事ができていると話した。
　心理士は，「問題なく仕事ができているなら，それに越したことはありません。今日も，わざわざこんなところにいらっしゃりたくなかったでしょう。ですが，せっかくこうして来ていただいたのですから，少しだけお話を聞かせていただけますか」とお願いし，Aがどんな仕事をしているか尋ねてみた。すると，以下のような内容が語られた。
　Aは投資信託の部署におり，企業を相手に高額のお金を融資する，とても気を遣う仕事をしているのだそうだ。3カ月ほど前，部下が立て続けに異動や休職になり，仕事の負担が一気に増えた。部署を束ねるAとしては残ったメンバーでなんとか頑張ろうとしているが，責任感が強いAは部下の仕事を手伝ったり，終わらなかった分を引き受けたりすることが多く，徐々に残業時間が長くなり，やがて勤務時間外にも仕事のことばかり考えるようになった。そのせいか，最近夜に全然眠れない。帰宅が遅いこともあるが，なかなか寝付けず，寝ても数時間で目が覚める。寝付けずそのまま朝を迎えてしまうことも多く，疲れが取れた感じがしない。忙しい時期が終われば元に戻ると思うけれど，人材が追加される予定はなく，この状況がいつまで続くのかと不安もある。
　Aの話を聞き，心理士は，仕事の負担が一気に増えたことで体と心のエネルギーを使いすぎ，それによって睡眠が取りにくくなって

いるのかもしれません，と伝えた。その上で，夜眠れないことで困っていることはないか尋ねてみると，Aは日中の仕事のパフォーマンスに影響が出るかもしれないことを気にしていた。よりよい仕事をするためにも，夜眠れないことについて，そしてその他にも体と心に疲れのサインが出ていることについて診察の中で医師に話してみることを提案し，同意を得た。診察を終えたAは，睡眠や気分の状態を改善するための投薬治療を受け，並行して心理士とのカウンセリングを行うことになった。

ポイント❶
誰が何を問題と認識し，何を目的に援助要請がなされたかを明らかにする

　精神障害（うつ病）の可能性が考えられるが，本人の問題意識は一見低く，自分の意思ではなく上司からの勧めによって医療機関を受診したケースである。

　精神障害についての援助要請のひとつの特徴は，患者一人では，以前や普段とは違う自分の状態（中井［2007］が言うところの「病覚」）に気づきにくく，しばしば援助要請が抑制・遅延されることだ。患者本人ではなく，家族や友人，恋人，同僚や上司，教師が先に異変に気づき，勧められて専門機関に受診・来談する場合も多い。そういった場合，誰が何を問題と認識し，何を目的に援助要請が勧められたかを理解する（青木, 2014）。これにより，患者本人の問題意識や治療に対する初期の動機づけを推察することができる。今回の場合，うつ病という言葉は上司から出たものであって，A本人は（少なくとも受診時点では）そうではないと信じているし，実際にうつ病ではない可能性もある。はじめに，上司からどのように聞いて受診したのか，そしてA自身どう思うのかを尋ねることで，受診に至った経緯を理解することができる。その上で，援助要請にまつわる本人の気持ち，特に不安や恐怖，偏見や期待について聞くことができるだろう。

教育

医療

福祉

産業

司法

ポイント❷
自発的な援助要請でなくても，どこかに治療や援助を受けることに対する動機や意欲がある

周囲に勧められての受診・来談や嫌々ながらの受診・来談でも，実際にやって来る人には自分自身でも，どこかで困っていると感じていたり，どこかで助力を求めていることが少なくない（青木, 2014；笠原, 2007）。患者の中にある，治療や援助を受けることに対する意欲を引き出すことが重要である（成田, 2014）。

また，本人の意思で援助要請したのではない場合でも，精神障害の症状は心身に無理がかかっている，少し休むべきだというSOSの信号である場合がある（青木, 2014）。そういった言葉にされないSOSの信号に援助者が気づき，本人も納得できる落としどころを見つけて治療や援助に導入するとよいだろう。

事例2 摂食障害が疑われ大学付属相談室に来談した女子高校生のケース

高校1年生のBは，入学後しばらくは問題なく通学し，学校での様子に気になるところはなかったが，夏休みに入る前頃から急激に痩せはじめた。二学期に入っても痩せ細っていく一方のBを心配した担任教師が摂食障害を疑い，病院へ行くことを勧めたが本人が拒否。両親も，娘の痩せは気にはなるが，スタイルがよく見えて本人も嬉しいだろうし，量は少ないながら三食食べており，ほぼ毎日学校にも行けているので，と大きな問題とは認識していない様子。病院に行きたがらないので担任教師が近隣にある大学の心理相談室を紹介し，父母と共に来談した。

来談時のBは同年代の女性と比べて明らかに痩せており，摂食障害（摂食制限型の神経性やせ症）の可能性が考えられた。しかし，体重とBMIは，今すぐに命の危険があるほどではなかった。血色は悪くなく，やや頼りないが自分の足で歩いて入室し，少し疲れやすそうだが語る言葉には力がこもっていた。

カウンセラーは学校を早退してカウンセリングに来談したBをねぎらい,「学校の先生はあなたの痩せのことを心配しているようだけれど, Bさんとしてはどう思う?」と尋ねてみた。するとBは, 以前と比べて痩せたという自覚はあるが, 今のほうが体が軽くいろいろなことがやりやすいと感じていること, それでも親に言われるので毎日三食は食べるようにしていることを語った。また, 一学期に初めてできた友だちが, 同学年の女の子集団からぽっちゃりとした体型をからかわれていたのを目撃してから, それまでのように食事を取れなくなったとも話した。カウンセラーは, Bの語りに耳を傾けつつ, 体型のことでからかわれた友だちを目撃した経験や, 食べないでいると体が軽く楽といった感覚が, Bの食欲の乏しさや痩せを維持させているのではないかと考えた。

　また, カウンセラーは体重や食事のことの他に, B自身がいま現在困っていることはないかを尋ねた。するとBから, 同性の同級生との複雑で難しい関係で困っており, ごく親しい2, 3人の友だちを除いてはそれほど仲が良いわけではなく女子同士でとても気を遣っていること, いつか自分がいじめの標的になるのではないかという不安があることが語られた。また, 共働きの両親にはなかなか相談できず, 学校で困っていることは誰にも話していないと語った。カウンセラーはそういった話を, さえぎることなく時間をかけてじっくりと聴いた。

　面接の終わり際, カウンセラーはBに話してくれたお礼を伝えたうえで, 彼女が抱えている人間関係の困りごとについて考えるのにカウンセリングが役立つ可能性があることを伝えた。Bは, カウンセリングを受けることに対して前向きな様子だった。そのうえで, やはりまず第一に彼女の身体のことが心配で, カウンセリングを続ける前に一度病院で診てもらったほうがよいように思うけれどどうだろうか, と伝えた。するとBは,「今日話を聞いてもらえたことで少し楽になった。一度病院へ行ってみようと思う」と話した。カウンセラーは, 自ら病院に電話することも考えたが, Bがはっきりと「行ってみようと思う」と語ったことから彼女の自主性に任せる

教育

医療

福祉

産業
司法

ことにし，面接を終了した。

　翌日，精神科の予約が取れたと母親から連絡があった。さらにその数週間後，病院を受診したこと，まずはそちらで治療を続け，主治医のOKが出た後にカウンセリングを再開するか考えてみることが電話で語られた。

ポイント❸
本人の意思を尊重する

　事例2も精神障害と思われる状態にあるが，受診に抵抗があり，医療機関ではない相談機関に来談した。本人だけでなく両親の問題意識も低く，専門的な治療や援助につながりにくいと思われるケースである。

　今回の事例でも，誰が何を問題と捉えて援助要請に至ったのか，そしてそのことや援助要請自体について本人はどう思っているか，という点をまず明らかにする必要があるだろう。

　Bには摂食という命に関わる重大な問題が存在していたが，彼女自身はそういった問題があることに納得していなかった。問題があることを彼女に無理に理解させようとしたり，病院で治療を受けるよう説得したりすることは，彼女が治療・援助機関に対して不信感を抱くことにつながりかねないと思われた。そこでカウンセラーは，彼女自身が困っていることはないか尋ね，彼女が専門機関とつながりうる糸口を探した。精神科的な問題の存在が明らかな場合でも，治療や援助は基本的には本人が納得するところから始まるものだろう。

ポイント❹
医学的な治療の必要性をアセスメントする

　医療機関でない専門機関においては，クライエントの状態像をアセスメントし，医学的な治療が(1)「必要」な状態か，(2)「受けたほうがよい」状態か，それとも(3)「早急な治療は必要ない」状態か，のどのレベルかを判断する必要がある。そのためには，精神障害の診断に関する知識や，医療機関で行われる治療（特に薬物療法）に関するある程度の知識が不可欠である。Bのケースでは，カウンセラーは今すぐ入院が必要というほどではないものの，早いうちに医療機関で診てもらう必要があると判断した。クライエント

にとってそのとき必要な支援は何かを常に考え，必要に応じて医療機関につなぐのがよいだろう。

3 全体の解説

　精神障害について治療や援助を求めること，そして実際に治療や援助が始まることは，家族や友人といった自分と関わる人たちが遠ざかっていくような寂しさや，自分を見る目が変わるような怖さを感じるものでもある。心理援助の開始にあたっては，援助を求める人が感じるそういった感情にも目を向けながら対応を考えることが大切だろう。

■引用文献
Andrade, L. H., Alonso, J., Mneimneh, Z., Wells, J. E., Al-Hamzawi, A., Borges, G., ...Kessler, R. C. 2014 Barriers to mental health treatment: Results from the WHO World Mental Health surveys. *Psychological Medicine*, 44 (6), 1303-1317. doi: 10.1017/S0033291713001943
青木省三　2014　精神科治療の進め方. 日本評論社.
Ishikawa, H., Kawakami, N., Kessler, R. C., & The World Mental Health Japan Survey Collaborators　2016　Lifetime and 12-month prevalence, severity and unmet need for treatment of common mental disorders in Japan: Results from the final dataset of World Mental Health Japan Survey. *Epidemiology and Psychiatric Sciences*, 25, 217-229. doi: 10.1017/S2045796015000566
笠原嘉　2007　精神科における予診・初診・初期治療. 星和書店.
Naganuma, Y., Tachimori, H., Kawakami, N., Takeshima, T., Ono, Y., Uda, H., ...Kikkawa, T. 2006　Twelve-month use of mental health services in four areas in Japan: Findings from the World Mental Health Japan Survey 2002-2003. *Psychiatry and Clinical Neurosciences*, 60, 240-248. doi: 10.1111/j.1440-1819.2006.01492.x
中井久夫　2007　こんなとき私はどうしてきたか. 医学書院.
成田善弘　2014　新版精神療法家の仕事 ── 面接と面接者. 金剛出版.

第2部 実践現場からみた援助要請

医療

6 性感染などスティグマを伴う問題と援助要請

飯田敏晴

> **Introduction**
>
> この章ではまず，保健・医療領域において，「病」に関わる語りにスティグマがどのように現れているかを述べる。そして，当事者にとって，自らが自らの身体的健康の維持・増進を図っていく上で，その資源のひとつとなり得る「援助を求める」環境が整備されることの意義，そして，その環境整備にわれわれ心理職がどのような寄与ができるのかについて論じる。

1 性感染などのスティグマを伴う問題と援助要請

　厚生労働省エイズ動向委員会（2018）によれば，この10年間での新規HIV感染者および新規AIDS患者報告数の動向は横ばいであって，「高止まり」の状態にあるという。また，HIV感染者とAIDS患者を合せた報告件数（全報告数）に占める，AIDS患者の割合は30％前後である。この報告数は，HIVに感染していることを知らずに過ごし，平均10年間の無症候期間を経てAIDSを発症して，はじめて感染を知る者が一定数いることを意味する。実は，この割合には地域差がある。日本国籍のAIDS患者男性の報告を例にすると，東京や大阪といった大都市では全報告数に占めるAIDS患者の割合は20％である。一方で，東京や大阪を除く全国平均は30％台である。40％を超える道県も少なくない。つまり，大都市では，保健所等の無料匿名での検査・相談機会の利用や，医療機関への受診行動によって，AIDS発症前にHIVが判明する割合が高いが，地方都市においては，利用

へのハードルが高く，結果，その判明が遅れるのである。

　この格差の原因のひとつが，HIV関連のスティグマ（HIV related stigma）である（Parker & Aggleton, 2003）。このスティグマが存在することで，人が求める保健・医療サービスへのアクセスや，質の高い医療の享受の権利を損なわせ（UNAIDS, 2017），当事者にとっても，そのスティグマが内在化（internalized stigma）され，精神的健康が損なわれる（Berger et al., 2001; Remien & Mellins, 2007）。

　スティグマが生起する理由は，次の5つの観点から述べられることが多い。(1)HIVの感染経路の多くは人間の体液を主な媒介とする，というウイルス学的特徴，(2)感染原因となる行動の多くは自発的であって回避可能であると認識されやすいという行動特徴，(3)HIV感染＝死と認識されやすいという特徴，(4)こうした事実や認識は人々の脅威感情を強め，結果，伝染性を高く見積もらせやすいという特徴，(5)HIVに感染していたとしても，その症候学的特徴から自分でその存在を実感しづらく，周囲からもわからないという特徴，である（飯田・渡邊, 2013）。さて，こうしたスティグマは，当事者が「援助を求める」場面でどのように出現するのであろうか。

教育

医療

福祉

産業

司法

2　事例とポイントの解説

事例1　継続面接で語られる「スティグマ」とその意味

　Aは，地方出身で中年期にあるMSM（Men who have Sex with Men）。10年以上前，HIV感染が判明し，現在治療過程にある。最近，HIVウイルス量が増えつつあって高度の免疫機能低下の状態が続いていた。その背景として，服薬率の低下が疑われた。実際，入院し看護師管理による定時内服に切り替えることで，ウイルス量は低下していった。適切に薬を内服していれば，免疫機能の回復は十分に望めるのであった。

　医療チームによる病棟回診時，B心理士は，Aと初めて顔を合わせた。その際，Aは，主治医に苛立った様子で「薬はずっと飲み続

けてきた。あと副作用が辛い」「早く退院させてほしい」と訴えた（Bの観察所見上，軽度の構音障害，会話場面での理解度や判断速度の低下が疑われた）。Bは，主治医からの許可を得て，以降，単独で週2回訪問面接をするようになった。初めは，Bからの挨拶程度の会話であったが，そのうち，Bと会うなり，Aから直接話題が持ちかけられるようになっていった。

　あるとき，Aは「なんで，Bさんはカウンセラーになったの」と尋ねた。Bは，AがBの私的事柄に関心を寄せてきたことに，Aとの間にラポールが形成されつつあることを実感した。ただし，その発言のAの意図を汲み取ろうと，やや緊張した心持ちになった。それまでの会話で，Aは自身のことを「面倒見がよい」「（その相手から）裏切られることもあった」と語っていた。そして，Aが自身のこれまでの体験を，Bに重ね合わせているように感じた。そこで，Bは面接の目標をより明確化するために，「う～ん。人の体って不思議なもので，こうして何気ない話とかでも病気と闘う力が増えることもあるんです。それもあって，私はこうして会話するような仕事につきたいかなと……」と答えた。途端，Aは笑顔となった。そして，「Bさんって暇なんですね。そういえば，最近物覚えがあんまりよくない。あと片付けもできない。年齢のせいかな」，また苛々した様子で「薬飲んでいるのに，飲んでいないって言われる」と語った。

　Bは，Aの服薬率低下の背景に，(1)「認知機能低下」あるいは(2)「HIV感染症や治療への理解と病識の程度の乏しさ」を疑っていた。(1)についてBは「例えば，その片付けのこととか，物覚えのことを解決するために，心理検査を受けることに興味ありますか？」とAに尋ねると，Aは興味を示した。その後，主治医を通じて検査説明がなされ，心理検査を実施することとなった。結果，知的な能力として全般的には平均的な水準にあるが，遂行機能等の各種認知機能が平均的な水準よりも大幅に下回っていることがわかった。それらの結果から，医療従事者による口頭での説明への理解，あるいは日常生活を過ごしていく上での様々な支障が存在していることが

推測できた。(2)については，AはBとの面接回数を重ねるにつれて，次第に「人から裏切られた体験」やその苛立ち，HIV内服薬の副作用の辛さを語り始めた。Bは，自身の内的体験として，B自身が信頼に値するかAに確かめられているかのような居心地の悪さを覚えていた。一方，Aが上京後，身寄りのない場所で仕事をし続け，そして，強い副作用を覚えながらも療養してきたという，彼の生活史にある「主体性」に焦点を当てた理解に務めた。

　ある日，Aは，HIV感染が判明した'90年代当時のことを話し始めた。Bが「そのときどう思ったの？」と尋ねると「ついに，自分がかぁ，って……。名前は知っていたけど，実感はわかなかった」「検査の帰り，C公園でずっとボーっとしていた」「前はいざとなればなんとかなるって思っていたけど，今は慎重に動くようになった」と語った。その後，Aの服薬は安定していき，それに伴い免疫状態も改善していった。また，Aは何らかの問題に直面し，独力での解決が困難なときには，周囲の援助資源に援助を求めるようになった。

ポイント❶
援助要請の意味を考え続ける姿勢を持つこと

　医療領域は「疾病」の治療が行われる場所である。医療従事者と患者との関係には「治療する－される」という厳然たる契約が存在する。患者は医療費を医療従事者に支払い，対価として，自らの身体的健康の維持・増進に不可欠な治療の選択肢が提示される。そして，患者は，「病と共に生きる人（living with disease）」として主体的にそれを選択する。選択後は，患者は病者としての役割遂行が求められ，医療従事者はその職責の遂行が求められる。

　Aは，（状況証拠のみではあるが）怠薬していた。治療契約という面からは違反である。一方で，Aの認知機能には，操作的基準に従えば，軽度の障害（HIV関連神経認知障害）が存在する。したがって，怠薬・契約違反に至った理由は，意思ではなく，認知機能の低下が直接的に影響を与えた可能性が高い。さらに，**多文化問題を扱うカウンセリング能力（Multicultur-**

al Counseling Competencies）（Sue et al., 1992；葛西，2008）の観点から捉えると，この語りには，日本における文化的言説が色濃く反映されている。例えば「C公園」である。公園および周辺には，Aの性的指向と同じ属性を有する人たちにとって，欠かすことのできないコミュニティが存在する。同じ属性を有する他者と直接的に出会うことのできる有形・無形の社会的資源である。一方，支援に携わる者の間では，1985年，そのコミュニティと共に生きているMSMの多くにとって，HIVの存在を自身のセクシュアリティと身体に読み込もうとするきっかけとなるできごとが起きたことは広く知られている。それは，当時，日本人第1号のHIV陽性者として，米国在住の同性愛者が，帰国時にAIDS発症という発表がなされたことであった。このことを踏まえ，Aがなぜ，このタイミングに，こうしたエピソードを語ったのかについて考察したい。

　HIV感染症は無症候性の経過をたどる。多くの場合，当事者は，感染判明時，自らの身体にその実感を得ることはない。医療従事者が提示する各種血液検査結果や情報が，自身に生じた変化を知るための唯一の手がかりである。一方，Aの主観的現実においては，様々な文化的言説の影響を受け，他者からの「裏切られる体験」，以前のパートナーの想起，薬の副作用の辛さ，怠薬への服薬指導によって，HIV感染の事実が痛みを伴う心の傷となって内面に刻み込まれていく。これがスティグマである。その結果，当事者は他者との関係形成の基盤となる依存や愛着を大きく揺さぶられる事態に直面せざるを得ない。なぜならば，HIV感染は，他者との親密性に基づく，関係そのものによって生じたためである。

　事例1は，Aが援助を求め続けるという経過にしたがって，話題が(1)一般的他者に対する不信感，(2)親密な他者との関係，(3)HIV感染症への理解と病識と，徐々に深くなっていく様子を描いた。こうした面接では二者の関係性が深まるにつれ，相談者の基盤に刻み込まれたスティグマが見え隠れする。その際，援助者は，相談者がそれを安心して語れる（援助を求め続けられる）環境を整備する必要がある。相談者の主体性回復の一助になりうるからである。

エイズ検査・相談にまつわる懸念を抱え，一人で来所した女性

　Dは，保健所の無料・匿名での検査・相談を訪れた20代の若年女性である。心理士Bは，Dを迎えると来所への労をねぎらい，検査方法，DのHIV/AIDSに対する知識等を確認した。来所の理由は，あるインターネット広告で，エイズ検査・相談が「無料・匿名で利用できる」「心配事に対して親身な対応をしてもらえる」と知り，検査経験がなかったため利用に至ったとのことであった。

　Dはひととおりの説明を聞き終えると，「本当は彼氏も来たらよかったんだけど」と語った。Bは「彼氏？」と尋ねた。Dには最近付き合いだしたパートナーがいるのだという。しかし，付き合ってからそのパートナーには以前にも複数付き合ってきた女性がいた，ということを知ったのだという。その後，別の検査担当者がDの採血を実施し検査を行った。結果，HIVは陰性であった。Bは，検査対象者から結果判定用紙を受け取り，再度Dと面談した。結果を見せるとDは安堵した表情を見せた。その後，HIV感染の予防法への質問が寄せられた。啓発用冊子を見せながら，予防への知識を伝えるかたわらで「さっき気にかけていらっしゃったようだけど。彼氏さんは今日は来られなかったの？」と尋ねた。すると「まさか，彼に言えません」「彼に言えば，私がそういう人って受け取られるし」「本当は，彼にゴムつけてほしいんだけど……妊娠も心配で」と語った。

ポイント❷
効果的な体制周知策と個別対応を重視すること

　全国の保健所等では無料・匿名の「エイズ検査・相談」が存在する。ここでは，その機関への援助要請とスティグマについて考えてみたい。なお，当該分野の実践を知らない読者にとって，こうした実践を不思議に思う人もいるかもしれない。保健所等のエイズ検査・相談場面は，Caplan（1964）の

いう一次予防〜三次予防のいずれの水準においても重要である。なぜならば，当事者は，初めてHIVやその分野の専門家と出会うからである。そして，陽性であった場合は特に長期療養過程について，陰性であった場合は特に性の健康の維持・増進過程について，最も影響を与え得る場所なのである。

　利用者は，感染を疑ったとしても独力では判断できない。したがって，その際に当事者は，医師，保健師，臨床検査技師といった専門職からの援助を受ける必要がある（受検，受診，受療行動）。一方，予防的観点からすると，その行動は，受身ではなく，当事者が自らの意思決定として，スティグマを越え，自発的に「希望し求める（援助要請）」という視点が不可欠である。

　HIV/AIDSに関わる問題での援助要請の規定因は，大きく分けて2つ存在する。ひとつは，利用実行による利益である。もうひとつは，利用を選んだ際に支払う労力である。実際，利用には大きな壁（障がい）が存在する。利用者は，それを乗り越えるために多大なエネルギーを費やす。例えば，「性」という極めて私的な問題を他者に「詳しく知られてしまう」ことに「恥ずかしい思い」といった抵抗感を覚えることも少なくない。また，人によって，他者に「性的にだらしない」「自業自得」と受け取られることへの抵抗感も存在する（障がい性認知）。一方で，感染の有無が明らかになることで「感染の拡がりを防ぐことができる」「手遅れにならない」や，専門家からの助言に「安心感を得る」という利益（利益性認知）もあるだろう（飯田, 2018）。一般的には，行動実行の利益が損失（心理的コスト，障がいを乗り越えることへの労力）を上回っていれば実行する。体制周知時には，そうした利益を強調したメッセージが有効であろう。実際，利用者が実行によって得た利益次第で，その後のより安全な性交渉や，性の健康の維持に肯定的な影響を与える。

　最後に，心理臨床場面では，利用者の事例性に即した対応が不可欠である。本事例では，Dに女性側ができる工夫（相手にどのようにして避妊具・衛生具使用を促しているか）を冊子形式で伝えたり，パートナーが予防や検査に関心興味を有さない場合，それをどのように伝えればよいか等の具体的スキル（説得的コミュニケーション）を提供したりすることを心がけたい。

3 まとめ

　スティグマという視点は，援助を求めやすい環境整備，および，結果的に，援助要請した人への対応においても不可欠である。そして，その対応如何によっては援助要請の継続を予測する。本章では紙幅により論じえなかったが，「構造的スティグマ」と心理職の職能である「アドボカシー」の問題もまた欠かすことのできない視点と言えよう。興味がある人には，以下の文献等を頼りにした学修をお勧めしたい。

■引用文献

Berger, B. E., Ferrans, C.E., & Lashley, F. R. 2001 Measuring stigma in people with HIV: Psychometric assessment of the HIV stigma scale. *Research in Nursing & Health*, 24, 518-529. doi: 10.1002/nur.10011

Caplan, G. 1964 *Principles of Preventive Psychiatry*. Basic Books: New York.

飯田敏晴・渡邊愛祈　2013　HIV／エイズとともに生きる人への臨床心理士・カウンセラーによるアドボカシー．井上孝代編　臨床心理士・カウンセラーによるアドボカシー．風間書房，pp.123-124.

飯田敏晴　2018　エイズ検査・相談利用の利益性・障がい性認知尺度作成の試み．日本エイズ学会誌, 20, 206-215.

葛西真記子　2008　Multicultural counseling competencies：北米のカウンセリング心理学の立場からのMulticultural competencies. こころと文化, 7, 152-158.

厚生労働省エイズ動向委員会　2018　平成29（2017）年エイズ発生動向：概要
http://api-net.jfap.or.jp/status/2017/17nenpo/h29gaiyo.pdf（2019年3月31日閲覧）

Parker, R. & Aggleton, P. 2003 HIV and AIDS related stigma and discrimination: A conceptual framework and implications for action. *Social Science & Medicine*, 57, 13-24. doi: 10.1016/S0277-9536(02)00304-0

Remien, R. H. & Mellins, C. A. 2007 Long-term psychosocial challenges for people living with HIV: Let's not forget the individual in our global response to the pandemic. *AIDS*, 21, S55-S63. doi: 10.1097/01.aids.0000298104.02356.b3.

Sue, D. W., Arredondo, P., & McDavis, R. J. 1992 Multicultural counseling competencies and standards: A call to the profession. *Journal of Counseling and Development*, 70, 477-486. doi:10.1002/j.1556-6676.1992.tb01642.x

UNAIDS 2017 *Agenda for zero discrimination in health-care settings*.
http://www.unaids.org/sites/default/files/media_asset/2017ZeroDiscriminationHealthCare.pdf（2019年3月31日閲覧）

教育

医療

福祉

産業

司法

COLUMN 2　　当事者の声・支援者の声

非行への支援のために

渋谷幸靖（NPO法人 再非行防止サポートセンター愛知）

● 再非行少年率の増加

　少年犯罪自体の検挙人数は年々下がっているものの，再非行少年率（少年の刑法犯検挙人員に占める再非行少年の人員の比率）は年々右肩上がりである（平成29年版犯罪白書より）。現代は，少子化や警察の取り締まりの強化に伴い，戦後でもっとも少年犯罪が少ない時代となっており，10年前と比較すると検挙人数は3分の1にまで減少している。しかし，再非行少年率は増加し続けている。

● なぜ非行を繰り返すのか

　ではなぜ，彼らは再び非行や犯罪に走るのか。非行少年にみられる傾向として，価値観の基礎となる部分が一般的な視点と異なることが挙げられる。非行少年に多いのは，「悪いことをすることがかっこいい」という価値観である。

　その背景には，大人から否定ばかりされて自信がなくなり，悪いことをすることでしか自分を認めてもらえない世界が存在している。人よりも目立つことをすればするほど，同じような環境の少年・少女から「すごいね」と言ってもらえるため，間違った自信を持ち，道を誤ってしまう。一方で，親や教師，そのほか彼らと関わる大人からは，「やめなさい」「真面目になりなさい」などと，正当な言葉で否定され続けることで，次第に大人が嫌いになっていき，大人を敵だと感じ出すのである。

● 大人ができること

　彼らには，同じ目線で寄り添ってくれる存在が必要である。否定するのではなく共感しながら，もがき苦しんでいる環境からどうやって抜け出すかを一緒に考え，信頼関係を築いていく大人の存在である。信頼関係がなければ，いくら正しい言葉を投げかけたとしても，彼らの心には届かない。本音で語り合うことがもっとも大切だ。

　○○プログラムや○○法といった心理学的な介入方法が数多くあるにもかかわらず，再び犯罪をしてしまう子どもが絶えないのは，「やり方」ではなく「あり方」が欠けているからだと感じる。

　否定ばかりするのではなく，社会全体で彼らを受け入れる体制を整えていく必要がある。一度レールを外れても，もう一度挑戦していける環境。絶対にできると信じてあげることが，次へとつながっていくステップになる。失敗しても，「失敗は成功するための経験値だから」と言ってあげられる大人が増えることが，これからの社会には必要だ。

● 援助につなげるために

　少年少女が援助要請を行おうとしても，彼らの多くは大人を信用していないため，相談へのステップを踏み出しにくいのが現状である。

　まずは子どもたちの中にある，大人への壁を崩すことが大切だ。子どもたちには，行政の人間やカウンセラーなどが来ると，お説教をされたり怒られたりしてしまうというイメージが根付いている。大人と関わることや，会うこと自体を拒絶するケースも多い。仮に援助をすることになっても，支援する側は上から目線になったり，型にはめようとしてしまうケースが目立つ。子どもたちは，一度心に蓋をしてしまうと，連絡を取ったり会うことすら困難な状況になる。

　非行に走る子どもたちには，綺麗ごとは通用しない。口先だけの会話は無意味で，行動で示し，どれだけ心で通じ合うことができるかがもっとも大切だ。スーツを着て話すのではなく，デニムを穿いてラフに話すような感覚が必要となる。

　同じ目線で寄り添いながら，ときには対象となる子どもの趣味についての雑談に重点を置き，「この人となら次もまた会いたい」と思ってもらえるような接し方をしていく。9割がくだらない話であっても，彼氏彼女の愚痴でも，どんな話題でもよいので彼らの言葉を引き出し，否定することなく共感して距離を近づけていき，本質を見つけ出す。雑談の中にも必ず，子どもが抱えている問題点が浮き出てくる。

　子どもとの信頼関係ができていれば，自然な流れで援助をする形ができ，次のステップへと進んでいける。

　　　　　　　　　　＊　　　　　　　　　　　　　　　　＊

　子どもの本音と希望をもとに，一緒に選択肢を考えていき，幸せへの道を示してあげることができれば，本当の意味での援助になる。どんなことがあっても，諦めずに，信じ続けてあげることを大切にしなければならない。

第2部 実践現場からみた援助要請

福祉

7 子ども虐待への支援と援助要請

千賀則史

Introduction

子ども虐待ケースの困難さは，子どもや親などの当事者が援助を求めない・求められないところにある。自ら援助要請せず，支援につながりにくいケースに対して，いかに必要な支援を届けていくのか。この問いに対して，援助要請の視点から考えることは大切なことである。本章では，「子ども虐待への介入的アプローチ」と「中学校から児童相談所への虐待通告」という2つの事例を通して，援助を求めない・求められない心理への理解を深める。さらに，子ども虐待への支援のポイントなどについて解説する。

1 子ども虐待への支援の困難さ

近年，子ども虐待は深刻な社会問題として注目を集めている。子ども虐待とは重大な人権侵害であり，本来，子どもを守るべき保護者が子どもの心や身体を傷つけ，健やかな成長や人格の形成に大きな影響を与える行為のことを言う。児童虐待防止法では，子ども虐待について，身体的虐待，性的虐待，ネグレクト，心理的虐待の4つに分類して定義されているが，例えば，暴力と暴言，性的暴行と脅しなどの形で，これらが重複して生じることも少なくない。

児童相談所が対応する子ども虐待相談の件数は毎年増加しており，2017年度には13万件を超えた。また，子ども虐待の最悪の結果である死亡事例は，毎年200件近くもある。子ども虐待は，子どもの心身に影響を及ぼし，ときには生命の危険にも関わる重大な問題である。そのため，虐待の深刻化を防ぐための支援を行うことが重要となるが，児童相談所の統計によると，

虐待相談において，家族から相談があるのは7％，子ども本人に至っては1％にも満たない。つまり，子ども虐待への支援の困難さは，当事者である子どもや保護者が援助を求めない・求められないところにあると言える。

自ら援助要請せず，支援につながりにくいケースに対して，どのように支援をしていけばよいのか。以下に，子ども虐待の事例を紹介し，援助要請の視点から対応のポイントなどについて解説する。

2　事例とポイントの解説

子ども虐待への介入的アプローチ

　6歳男子のAが顔に複数のあざを作って保育園に登園してきた。担任の保育士が「その怪我，どうしたの？」と質問しても，Aからはっきりとした回答は返ってこなかった。過去にも不審な怪我があり，虐待の可能性が疑われたため，ただちに園内で協議し，児童相談所に通告した。

　保育園から通告を受けた児童相談所では，緊急受理会議が開催された。頭部への暴力があったことが疑われるケースであるため，虐待のリスクとしては非常に高いと判断された。児童相談所が保育園を訪問して，Aから状況を確認したところ，「お父さんから叩かれた」と話したため，Aを一時保護した。

　児童相談所は，Aを保護してから保護者に連絡し，すぐに面接を行うことにした。こうした児童相談所の介入に対して，保護者は不満や反発を抱いていたが，「一日でも早くAと再び暮らしたい」という気持ちから，児童相談所の指導にしぶしぶ応じることにした。

　一時保護所の行動観察結果によると，Aの発達などに問題はなく，親子関係もそこまで悪くないようであった。そのため，保護者に暴力や暴言を使わない子育て方法を伝えるペアレント・トレーニングをベースとした家族再統合プログラムを実施することで親子関係の修復を試み，早期の家庭復帰を目指すことになった。

児童相談所による短期集中的なAと保護者への総合的な支援が行われ，その間の経過も良好であった。最初は，しぶしぶの参加であった保護者も，家族再統合プログラムの効果を実感することで，児童相談所との関係性にも変化が見られた。その結果，一時保護から1カ月後にAは家庭復帰することになった。
　家庭復帰後には，地域でのアフターフォローが行われ，虐待の再発は見られなかったため，児童相談所はケースを終結した。

ポイント❶
子ども虐待への介入の必要性

　幼い子どもの場合，自分の周囲で起こる，特に悪い出来事の原因は自分にあると考える自己中心的認知傾向がある（西澤，2009）。そのため，虐待の原因を自分に帰属させ，「親が悪い」と思うのではなく，「自分が悪い」と自責感を抱えていることが多い。また，子どもによっては「家族が大変なことになるかもしれない」という不安から，誰にも相談できないこともある。

　保護者についても，①不利益を受ける状況を招いてしまうため，②家族の関係に大きな危機を招くため，③親としての存在を否定されるため，④罪の意識に直面するため，⑤保護者自身も親から同様の行為を受けてきたが，それが虐待だったと認めたくないため，などの理由から虐待を認めないケースも少なくない（家庭裁判所調査官研修所，2003）。

　子どもに被害を受けている自覚がなく，保護者は自分自身の行為が虐待であるという認識に乏しいケースの場合，当事者から援助要請がなされないことで，問題が深刻化していくことが予想される。こうしたケースには支援者側から積極的に働きかけていく必要性があり，事例1で紹介したように，児童相談所の権限を利用した**介入的**アプローチが行われている。介入を受けた保護者が「児童相談所に通わなければ子どもは帰ってこない。自分が変わり，親子のあり方を見直すしか，子どもを取り戻す方法がない」という事実を受け容れることが，家族関係を再構築する第一歩になると考えられる。

ポイント❷
「しぶしぶの相談関係」からの支援

事例1のような子ども虐待への介入的アプローチについて，千賀（2017）は，図7-1に示す援助プロセスを想定している。

子どもの職権保護などの強い介入を行う児童相談所の子ども虐待対応は，対峙関係から始まることが多い。たとえ保護者からの反発があったとしても，法律の枠組みを背景に毅然とした対応を行うことで，保護者が仕方なく来所してくる「しぶしぶの相談関係」という最低限の関係性を引き出し，これを糸口に家族再統合プログラムにつなげることの有効性が示唆されている。

対峙関係から始まる子ども虐待ケースでは，援助の土台となる関係性を構築することが困難である。そのため，「保護者との信頼関係を構築してからプログラムを実施する」という原則に加えて，「しぶしぶの相談関係の中で保護者と一緒にプログラムに取り組み，その効果を実感してもらうことを通して，徐々に関係性を構築していく」という発想が必要なときもある。

どのようなアプローチが適切なのかは，個々のケースの状況や目的によっ

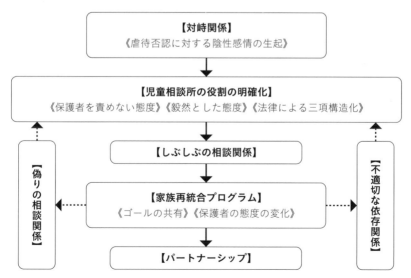

図7-1　虐待ケースにおける児童相談所と保護者の関係性形成のプロセス
（千賀, 2017）

て変わってくるが，子ども虐待ケースの場合，本人らに援助要請の動機づけがなくても，児童相談所などの支援機関は，法的に支援しなければならない状況もあるのが現実である。援助要請の観点から言えば，子どもや保護者が自ら援助を求められるようになることは大切なことであるが，援助を求めない・求められない子どもや保護者に対して支援者側から積極的に介入を行うことも重要であり，援助要請の心理を踏まえて，よりよい相談関係を構築する方法を常に模索していくことが望まれる。

事例2　中学校から児童相談所への虐待通告

　中学3年生女子のBからスクールカウンセラー（以下，SC）に相談があった。話を聞くと，昨日，口論の末，母親から殴られたということであった。目立った怪我やあざは確認できなかったが，以前にも同様の相談があり，虐待が疑われたため，SCは，担任の先生，教頭先生，校長先生に報告した。

　担任の先生は，児童相談所に通告をすることで保護者との関係が悪化することを懸念していた。しかし，虐待の通告義務があり，中学校だけで抱え込むことはよくないという校長先生の判断で，児童相談所に通告することにした。通告の電話は教頭先生が行い，最初に「虐待通告です」と明確に伝えて，概要について説明した。

　その後，児童相談所の児童福祉司と児童心理司が中学校に来て，Bと面接を行った。また，児童相談所は家庭訪問により母親から事情を聴いた。その結果，母親は反省しており，感情的になったときには，別の部屋に行くなど距離をとってクールダウンをするという具体的な解決案について話し合うことができた。今回は，怪我やあざなどはなく，Bも家庭での生活を希望していたため，一時保護は実施せず，在宅指導を行うことになった。

　虐待通告後，中学校では，担任の先生が日ごろからBに声をかけるなど積極的な関わりを持つようにした。また，児童相談所との面接の前には，BはSCのところに行き，どのような相談をするのか一緒に考えた。

こうした中で，虐待の再発などの問題は起きることなく，Bは無事に中学校を卒業し，高校に進学することができた。

ポイント❸
虐待通告への抵抗感

事例2のように，子ども虐待への支援は，**虐待通告**を行うことから始まることが多い。しかし，総務省（2010）によると，子ども虐待を発見した場合の相談等に対して，小中学校担当者の約15％は「抵抗がある」と思っている。虐待通告へのためらいが生じる理由としては，①虐待事実についての「確証」がないことへの不安，②通告による保護者との関係悪化への不安，③通告の実効性への不安，④通告による子どもの被害増大への不安，などが考えられる。

また，こうした心理の背景には，保護者を「虐待者」として通告することへの抵抗感があると推察される。しかし，子ども虐待を，親子の関係性の悪循環によって生じるものとするならば，虐待通告によって援助につなげることは，子どもだけではなく，保護者を含めた全ての人を救うための行為であると捉えることもできる。

児童福祉法および**児童虐待防止法**では，虐待が疑われる子どもについて通告することを，全ての国民に義務づけている。これはSCなどの心理職とてその例外ではない。守秘義務は，心理的支援の前提となるものであるため，虐待通告をする際に守秘義務を解除することには抵抗があると思われる。しかし，子ども虐待への支援においては，子どもの心理的なケアの視点だけにこだわるのではなく，目の前の子どもの安心・安全を守ることも含めた子どもの権利擁護の視点を中心に据える必要がある。

子どもの安心・安全のために何を優先すべきかを柔軟に判断し，ときには虐待通告することを決断する力が心理職にも求められていると言える。

ポイント❹
虐待通告後の対応

事例2では，SCが虐待を疑ったときに，担任の先生，教頭先生，校長先生に報告している。さらには，学校内で協議の上，児童相談所に虐待通告を行っている。このように虐待を発見した人が学校の管理者に相談し，学校と

して児童相談所に相談するという虐待通告の一連のプロセスは，**支援者から支援者への援助要請**と理解することもできる。

子ども虐待への支援は，一人の支援者だけで行われるものではなく，**多機関・多職種連携**が前提となる。チーム全体でトータルに求められる職務を果たすために，心理職として，具体的に役に立てる業務にあたることになる。例えば，子どもや保護者とどう関わるかという他に，子どもを取り巻くさまざまな人々とのチームワークについて考える必要がある。その際に，ケースに対する理解をチームで共有することが重要であり，臨床心理学的な見立てという点で，心理職としての役割を果たすことができると思われる。

こうしたチーム支援を行う上では，虐待通告後の対応などを含めた子ども虐待への支援の全体像を把握しておくことが大切である。まず虐待に関する児童相談所への連絡はすべて「**通告**」となる。例えば，学校としては通告の意図がなかったとしても，児童相談所が子ども虐待ケースとして対応する必要があると判断すれば，「通告」として受理される。通告受理後には，学校としても児童相談所の調査に協力することが求められる。

虐待通告後の児童相談所の対応は，①**在宅指導**，②**一時保護**，③**施設・里親への措置**に分かれる。児童相談所の統計によると，一時保護が行われるケースは2割以下，施設や里親に措置されるケースについては5％にも満たない。すなわち，虐待通告をしたとしても8割のケースは事例2のように一時保護すらされず，全体の95％以上のケースは最終的には元の地域での生活を継続することになる。

子ども虐待発見後の対応は，虐待通告をしたら終わりというわけではない。在宅指導では，子どもの状況を見守りつつ，学校として必要な支援を提供していくことが期待される。つまり，虐待通告はあくまで「チーム支援のスタート」と考える必要があるだろう。児童相談所にケースを「渡す」のではなく，支援者を「増やす」という発想のもとで，支援ネットワークを構築するための支援者同士の援助要請のあり方について考えていく必要がある。

3 心理職に求められること

子ども虐待ケースに対しては，心理職といえども面接室で待っているので

はなく,家族のニーズに合わせたソーシャルサポートの利用や,こちらから出向いていくアウトリーチを行うなどの柔軟な対応が求められている。また,自ら援助要請せず,支援機関につながりにくいケースに対しては,単一の支援機関で対応するのではなく,その家族に関係する支援機関が連携し,ネットワークを組んで対応することが必要である。複数の支援者が家族に関わり,良好な関係性を築くことができた支援機関をベースに,家族の課題やニーズを汲み取り,支援体制を拡大していくことが有効であると考えられる。

　このように子ども虐待への支援では,「援助を可能にするための援助」(白木,2003) という視点が重要である。個人心理療法を中心とした狭義の心理的支援にこだわるのではなく,必要な援助が有効に機能するための枠組み作りや環境調整などを行うことにこそ,心理職の持つ臨床の知恵や技術を活用すべきだと思われる。すなわち,援助が必要な人が援助を受けられ,かつ援助システムが適切にサービスを提供できるように双方に対して関わるところに,子ども虐待への心理的支援の意義があると言えるだろう。

■引用文献

家庭裁判所調査官研修所　2003　児童虐待が問題となる家庭事件の実証的研究——深刻化のメカニズムを探る.司法協会.

西澤哲　2009　虐待というトラウマ体験が子どもに及ぼす心理・精神的影響.北海道医療大学看護福祉学部学会誌,5(1),5-10.

千賀則史　2017　子ども虐待　家族再統合に向けた心理的支援——児童相談所の現場実践からのモデル構築.明石書店.

白木孝二　2003　私が期待する児童虐待へのアプローチ——援助を可能にするための援助.宮田敬一編　児童虐待へのブリーフセラピー.金剛出版, pp.25-37.

総務省　2010　児童虐待の防止等に関する意識等調査結果.
http://www.soumu.go.jp/menu_news/s-news/38031.html(2019年3月31日閲覧)

教育

医療

福祉

産業

司法

第2部 実践現場からみた援助要請

福祉

8 子ども・子育て支援と援助要請

本田真大

> **Introduction**
>
> 　子ども・子育て支援領域では心理職を含む多職種の協働の中で支援が行われる。さらに，面接室の中での面接に限らず，生活の場の中で直接的，間接的に対象者と関わる機会が多い。そのため心理職に援助要請した対象者のみを相手にするのではなく，援助要請したくてもできない人や，本人に問題意識がなくても支援者側からはニーズがあると思われる人，援助を拒否する人などへの支援にも詳しいことが求められよう。本章では母子生活支援施設という社会的養護の事例から生活の場での援助要請への支援方法を解説する。

1　子ども・子育て支援と援助要請

(1)　子ども・子育て支援新制度と援助要請

　子ども・子育て支援新制度の中では「利用者支援」（子育て家庭や妊産婦がニーズに合わせて必要な支援を選択し利用できるために，情報提供や相談・援助を行うこと）がうたわれており（内閣府・文部科学省・厚生労働省，2016），利用をためらう保護者の心理を考慮した子育て支援サービスやシステムの構築，およびそのような保護者への直接的な支援方法の開発は重要な課題であろう。

　家族への支援という視点が求められる場には，保育園等での巡回相談，学校で展開される保護者と子どもへの援助，児童相談所における様々な相談，社会的養護における援助など多岐にわたる。特に子育て支援施策を充実させていく中で社会的養護の対象となる子どもにこそ支援の充実が必要とされている（児童養護施設等の社会的養護の課題に関する検討委員会・社会保障審議会児童

部会社会的養護専門委員会, 2011)。本章では社会的養護のひとつである母子生活支援施設で働く心理職の事例を基に解説する。

(2) 母子生活支援施設の概要

　母子生活支援施設は児童福祉法第三十八条に規定される社会的養護を担う児童養護施設であり，かつ，様々な児童養護施設の中で唯一親子を分離せずに，母親と子どもが共に生活しながら支援を受けるという特徴がある（全国母子生活支援施設協議会, 2018）。対象は乳児から18歳に至るまでの子どもであり，18歳を超えても必要があると認められる場合は20歳になるまで利用を延長することができる。母親の年齢も16歳から60歳代と子ども以上に年齢幅が大きく，各世帯が有する様々な課題に対して日常生活支援を中心として「生活の場」で支援を展開する必要が考慮されている（厚生労働省, 2012）。

　具体的な支援として，入所に当たっての支援，入所初期の生活の安定への支援，就労支援，心理的問題への対応，問題を抱えたときの個別支援，退所支援，その後のアフターケアという一連の過程において，利用者の意向を意識しつつ目標設定を行い，切れ目のない支援を計画的に展開する。その中で利用者の「課題解決」に必要な専門的支援と，日常の「生活支援」を組み合わせて，母親と子どもの生活の安定と自立，子どもの健康な発達と自立をめざす（厚生労働省, 2012）。このような支援を担う上では，学校や病院，児童相談所，市役所等との連携や協働を行い（勝田, 2015），利用者の自主性を尊重しつつも世帯の生活状況や子育ての仕方が子どもの健全発達を損なう恐れがあるときには母親に毅然と伝え，母親と協力しながらも子どもの生活を守るように介入する姿勢も求められる（福島, 2014）。

　母子生活支援施設では「自立」をめざす支援が行われる。ここでいう「自立」をめざす支援とは，母親と子どもの意思を丁寧に聴きとり，共に考え，それぞれの自立の形や支援のあり方を利用者と共感・共有し，母子双方への権利侵害のない形を意味する。子どもの自立には人とのつながりに安心感を持てること，自分の存在に肯定感や自信を持てること，未来に希望が持てることなどが大切である。母親の自立には心の安定が何より重要であり，そのための経済的，社会的な側面を含めた生活全体への支援を母親の自己決定を前提に柔軟に行うことが必要とされる（全国母子生活支援施設協議会, 2015）。

(3) 母子生活支援施設における心理職の役割

　施設職員は施設長，母子支援員，少年指導員，保育士，調理師等の他に，嘱託医や心理療法担当職員，個別対応職員などがおり，多職種で母子の支援にあたっている（全国母子生活支援施設協議会，2017）。その中で心理療法担当職員は母子への心理支援に加え，他職種へのコンサルテーションも行う。心理支援には個別の面接の他に，母親と情緒的交流を楽しみながら家事をしたり，居室内での作業を通して母子関係に間接的に介入したりする生活場面面接（心理療法的家事支援）という方法もある（代，2012）。

　施設利用者からの相談では就労課題が最も多く，次いで経済的課題，健康課題，（前）夫との課題（DVの関係する離婚の課題），育児不安，親子関係と続く。心理支援の実施状況としては，施設外の医療機関で心理療法を受けている母親のいる施設が7割近くあり，施設配置の心理療法担当職員の心理療法を受けている母親のいる施設は約5割である。全国の施設に入所している母親の約3割に何らかの障害があり（全国母子生活支援施設協議会，2017），**多職種連携**と**心理支援**が欠かせない母子世帯が多いと言えよう。

　このような特徴を有する母子生活支援施設で働く心理療法担当職員をはじめとする職員は，生活の場での支援において母親や子どもの援助要請の困難さに直面することがある。以下では事例を通して生活の場での支援について解説する。

2 事例とポイントの解説

事例1　生活の場での支援①──支援を拒否する保護者

　3歳1カ月の女児Aと母親B（24歳）の世帯は，離婚後に頼れる親族がおらず経済的に困窮しているため，市役所からの紹介で母子生活支援施設への入所に至った。入所して4カ月ほどした現在，母子ともに入所時よりも心理的に安定し，母親はパートの仕事を始め，Aは保育園に入所した。そのため施設職員と直接会うのは保育園の登園時と帰宅時の短時間が主である。この施設ではAとBへの

心理療法は実施していない。

　Bが仕事を始めて1カ月ほどしたころ，母子支援員から心理療法担当職員（非常勤，週2回勤務）に相談があった。Bはいつも，食事はコンビニで買って済ませており，また朝に子どもを怒鳴って連れていくことが多いため，職員たちがBと会った際に声をかけるが，Bは「大変ですが，大丈夫です」と言う。さらに職員から積極的に声掛けするようにしてからは，Bは職員室のある玄関前や廊下で職員とすれ違うときに急ぎ足で避けるように通り過ぎるようになってしまった。そのBへの支援方法に関する相談であった。

　心理療法担当職員はBが大変でも職員を頼らない背景を一緒に考えた結果，入所時の面談でもすぐに退所したいと言っており，職員に頼ることで「自立できていない」と思われたくないのではないかという理解に至った。そこで，「『自立するために人に頼らないのではなく，自立するために上手に人に頼ることが大切』と思えるようになること」を支援の目標とした。その前段階として，Bのニーズについて話しあえる関係づくりの必要性が確認された。

　そこで当面は，立ち話で「職員から見たAちゃんの成長」などのうまくいっている点を短時間で簡潔に伝えること，Bが立ち止まって職員と会話するようになったら，うまくいっている点とBの態度や行動を関連づけて伝えること（「Bさんが○○してきたことが今につながっていますね」など），Bの仕事やAの保育園の様子など施設外でうまくいっている点を質問すること（「仕事の中のどんなところは慣れてきましたか？」など）を行うことにした。

　そのような関わりを始めて1カ月ほどした頃には，Bが立ち止まって職員と会話することが増え，次第に仕事や保育園の話，仕事の不満や帰宅後のAの世話の大変さなどの愚痴を漏らすようになった。その中で帰宅後の食事が特に大変だと言うため，職員がしばらくの間，帰宅後の家事の支援（手伝い）を行うことになった。

教育

医療

福祉

産業

司法

ポイント❶
生活の中でのニーズのアセスメント

　母子生活支援施設では母子の会話や関わりの様子が見えやすい一方で，世帯の居室での生活状況は見えにくい。子どもが成長するにつれて家（居室）での困難さ（「母が食事を作ってくれない」「毎日すごく怒られる」など）を信頼関係のある職員に話すこともあるが，低年齢の乳幼児は言葉で語るのが難しいことが多く，母子でいるときの様子や前日とは異なる子どもの様子等から，職員がニーズを把握することが不可欠である。

ポイント❷
「大丈夫です」「困っていません」の多様な意味

　自己選択や自己決定を尊重しながら支援を行う状況では，職員が母子のニーズを把握して具体的な支援を提案しても「大丈夫です」と断られることがある。母子と職員の関係性にもよるが，「大丈夫じゃないでしょう」と踏み込むことで信頼関係を傷つける恐れもある。とはいえ，本当は助けてほしいのに「大丈夫です」と言ってしまう母親もいる。

　「大丈夫と言われたから支援を控える」というのは，相手の自己決定を尊重している場合もあれば，相手の自己責任にしてしまう危険性（「本人が断ったから，困っても本人の責任だろう」）もある。自己決定を尊重しながら支援する際には，一方で自己責任への転嫁につながる可能性をつねに意識しながら，対象者（母子）の本当の訴えを感じ取る必要がある。「大丈夫です」「困っていません」という言葉の裏には，本当に困っていない（提案された支援が必要ない）こともあるが，「どうせわかってもらえない」「助けてもらうのは申し訳ない」「子育てできない人だと思われたくない」「私がうまくできない部分を見せたくない，誰にも知られたくない」「ここで頼ってしまったら，この先私はこの人にべったり頼りっきりになってしまいそうだから我慢しなければ」など，様々な思いが潜んでいることもあろう。

　もし「大丈夫です」と言いながらも本当は助けてほしいようであれば，その後の支援方法を検討する。例えば，対象者の心理的な負担や抵抗感がより軽い支援方法を考えて提案したり，対象者が素直に支援を受け入れられない心理に共感と配慮をもって関わることで信頼関係を作ったりすることである。本事例では人通りもあり秘密が守られにくい廊下でいきなり問題の核心

に触れず，Bに「この職員さんになら相談してもいいかな」と思ってもらえる信頼関係づくりを行った。

生活の場での支援② ── 心理療法面接とのつながり

担当職員がBの居室でAとBの両方と関わりながら家事の支援をするようになると，Bはより打ち解けて職員と話をするようになった。家事の支援を始めて数日後，Bは「私は母子家庭（ひとり親家庭）で，母親から何でも自分でするように，母親に迷惑をかけないように言われて育ちました。小学１年生のときからずっと，夜ご飯は自分で冷蔵後から出して，レンジであたためて，一人で食べて，食器を洗っていたんです。それが本当に悲しくて，朝に学校で，家族の話を楽しそうにする友だちが羨ましくて……。一人暮らしをしてからも，結婚してからも，食器を洗うと思いだしちゃって苦痛で息苦しくなって，いつもコンビニやスーパーのお惣菜で済ませてきました。でも，Aにはちゃんとご飯を作って食べさせたいんです」と泣きながら話した。

職員はBに共感し，「心理の先生にもつらかった体験を聞いてもらうといいと思うのですが，予約を取りますか？」と伝えたところ，Bも了承し，心理療法担当職員との面接につながった。

ポイント❸
援助要請意図を高める

本田（2015）は計画的行動理論に基づいて，援助要請意図を高める方法として援助要請の**期待感**の向上を図ること（過去に相談してよかった経験を引き出す），対象者にとって重要な他者を把握すること（重要な他者から勧められると相談しようと思いやすくなる），必要なときに相談できると思ってもらうこと（実行が容易で具体的な相談の方法を決める），の３点を挙げている。本事例では担当職員が母親（B）への生活の場での支援を継続する中で重要な他者となり，心理療法担当職員につなぐことができた。そして，施設内に生活の場（居室）と心理療法の面接室があり，担当職員も居室から面

接室まで同伴できるために面接の予約後は来談しやすかった（実行が容易であった）と言えよう。このように重要な他者が身近にいなくても，生活の場で支援者が重要な他者になっていくことで対象者（母子）に「援助要請」という選択肢を増やすことができる。

3 他職種へのコンサルテーションに援助要請の知見を活かす

　母子生活支援施設に入所する世帯は地域の保育園や学校にも通っている場合が多く，それらの場所でも同様な母子の姿に困っている保育士や教師などがいる可能性がある。子ども・子育て支援においては心理職以外の職種（保育士，保健師など）が多く関わっており，心理職にはその専門性を活かして母子それぞれの心理や母子の関係性の見立て，個人と環境の相互作用のアセスメントを行い，**他職種へのコンサルテーションに活かす**ことが期待されよう。

　援助要請研究ではいずれの発達段階にも共通して子どもの発達的・情緒的・行動的問題が扱われているものの（本田・本田，2016），保護者自身の悩み（夫婦関係，就労，経済的問題など）を併せて検討した研究はほとんど行われていない（本田，2017）。しかし，現代においては子どものみでなく保護者自身が大きなニーズを有しながら子育てをしている。そのような保護者と子どもを含めた家族全体を支援し，社会全体で子ども・子育てを見守る上で，援助要請の視点を活かすことが求められよう。

■引用文献
代裕子　2012　母子生活支援施設における生活臨床と心理職の役割——みたてる・つなぐ・ささえる．増沢高・青木紀久代編著　社会的養護における生活臨床と心理臨床．福村出版，pp.143-158.
福島円　2014　母子生活支援施設における心理職の役割．白梅学園大学・短期大学紀要，50, 17-27.
本田真大　2015　援助要請のカウンセリング——「助けて」と言えない子どもと保護者の心理．金子書房．
本田真大　2017　親の援助要請．水野治久監修，永井智・本田真大・飯田敏晴・木村真人編　援助要請と被援助志向性の心理学——困っていても助けを求められない人の理解と援助．金子書房，pp.38-46.
本田真大・本田泰代　2016　子育ての問題に対する親の援助要請に関する展望．北海道教育大学紀

要（教育科学編），67(1), 17-27.
児童養護施設等の社会的養護の課題に関する検討委員会・社会保障審議会児童部会社会的養護専門委員会　2011　社会的養護の課題と将来像（概要）.
https://www.mhlw.go.jp/bunya/kodomo/syakaiteki_yougo/dl/09.pdf（2019年3月31日閲覧）
勝田紗代　2015　心理臨床実践におけるコンサルテーション──福祉領域からの報告（母子生活支援施設について）．コミュニティ心理学研究，18(2), 243-250.
厚生労働省　2012　母子生活支援施設運営指針．
https://www.mhlw.go.jp/bunya/kodomo/syakaiteki_yougo/dl/yougo_genjou_08.pdf（2019年3月31日閲覧）
内閣府・文部科学省・厚生労働省　2016　子ども・子育て支援新制度なるほどBOOK平成28年4月改訂版．
http://www8.cao.go.jp/shoushi/shinseido/event/publicity/pdf/naruhodo_book_2804/a4_print.pdf（2019年3月31日閲覧）
全国母子生活支援施設協議会　2015　私たちのめざす母子生活支援施設（ビジョン）報告書．
http://www.zenbokyou.jp/outline/pdf/siryou_vision.pdf（2019年3月31日閲覧）
全国母子生活支援施設協議会　2017　平成28年度全国母子生活支援施設実態調査報告書．
全国母子生活支援施設協議会　2018　母親と子の明日を考えて．
http://zenbokyou.jp/document/pdf/pamphlet_doc04.pdf（2019年3月31日閲覧）

第2部 実践現場からみた援助要請

福祉

9 援助要請の促進による自殺予防──情報通信技術を用いた実践

末木 新

> **Introduction**
>
> 　自殺対策基本法の制定以降，自殺対策は国全体の公衆衛生上の重要課題に位置づけられている。自殺を考える者は，「死」そのものを目的としているというよりは，苦痛の低減方法としての「死」（≒意識の停止）を選択している。そのため，よりよい苦痛の低減方法を他者とともに考えるために援助要請行動を促進させることは，有効な自殺対策として機能する可能性を有している。本章では，自殺の危機にある者へ情報通信技術を用いた援助要請の促進に関する実践事例を通じ，そのポイントを解説する。

1　自殺を考える者の心理の理解と支援

　自殺についてのよくある誤解は，「自殺は死を目的とした行為だ」というものである。もちろん，自殺は表面的には死を目的としているが，死を目的とした行動の背景には，苦痛に満ちた現在の状況を変えたい，つまり，よりよい（苦痛の少ない）生を生きたいという願いがある（Shneidman, 1993）。死を選択するのは，意識を停止させることにより苦痛を感じなくて済むようになるからである。自殺は死を目的とした行為ではなく，よりよい生を目指した結果，偶然にも死を選択した行為だと考える必要がある。そのため，自殺を考える者に対し，他者への援助要請行動を促し，一人では打破することのできなかった苦境を乗り越えていく方法をともに考えていける状況を作っていくことは，有効な自殺対策として機能する可能性を有している。

　しかしながら，自殺を考える者が他者に援助を要請することは非常に困難なことである（末木, 2011）。自殺の対人関係理論によると，自殺念慮の発生

の一端は，**負担感の知覚**にある（van Orden et al., 2010）。負担感の知覚とは，自分自身が大切な人や社会に対して負担をかける迷惑な存在（≒お荷物）であると考えることである。大切な人に迷惑をかけるから死にたくなっているにもかかわらず，相談をしてその人を困らせることになれば，自分自身はさらなるお荷物になってしまう。そのため，自殺の危機に瀕した人は本来であればその人にとって最も力となるはずの身近な人にこそ援助を求めることが難しいというジレンマを抱え，援助要請の機会を逸していくことになる。

こうした悪循環を解消するために，**自殺予防**においては古くから，**メディアを活用し，匿名性が高く低コストで相談ができるような環境を構築する試み**が実施されてきた。世界中に広まった電話による匿名の相談員に対する相談（例：いのちの電話）にはじまり，現在では，メールやチャットなどを用いた自殺予防実践が行われている。今後も，情報通信技術の発展により様々な形態の実践がなされることが期待される。いずれにしても，自殺の危険の高い者の心理は普遍的なものであり，それへの対策として情報通信に関するメディアが活用されているという事態も続いていくものと思われる。

筆者は，2013年よりウェブ検索連動型広告を用いた自殺予防実践に関わっている（詳細は末木［2019］の第二部を参照）。この活動は，自殺方法についてウェブ検索をするインターネット利用者に対して無料のメール相談を受け付けている旨の検索連動型広告を提示し，メールやウェブアンケートを介して自殺の危険性をアセスメントした上で，主訴に応じた適切な支援先につなげていくという**ゲートキーパー活動**である（図9-1）。以下では，本活動について，援助要請を促進させるポイントを中心に解説を行う。

図9-1　検索連動型広告の提示と相談メール送信までの流れのイメージ（末木, 2019）

2 事例とポイントの解説

大学を中退し，ひきこもっていた26歳男性A

　Aはインターネット上で効果的な自殺方法に関する検索を行っている最中にたまたま本活動の広告を目にした。最初のメールを送る時点では，相談が受けられるのか半信半疑な状態にあり，件名に「死にたい　助けて」と書いたのみのメールを送った。メールの本文には何も記さなかった。相談員から「現在の状況を詳しく聞きたい」という旨の返信があると，ひきこもっている間に感じた孤独感，絶望感，無能感を1000文字程度の長さで綴って送信した。

　相談員が数日間に何度か行ったメールのやりとりから，以下のようなことが明らかになった。Aは高校卒業後，地方から東京へと上京し，大学に通うことになった。しかし，大学にうまく馴染むことができず，また学業にも興味が持てなかった。Aは1年次から徐々に通学頻度を減らし，ほとんど単位を取ることもなく，1年間の休学の末に退学をした。以降，実家で過ごすものの，ほとんどひきこもった生活を送っている。優秀な弟と顔を合わせることを避けるため，そして顔を合わせるだけで親に申し訳ない気持ちを感じるため，自室にこもり，家族がいないすきを見て食事や近所への外出をしている。この先どうしてよいかもわからず，死を考え，ベルトで首を絞める練習をする毎日である。ウェブアンケートでの簡易スクリーニングでは，抑うつ（K6）に関する高い得点を示していた。

　自殺の練習をするようになってからというもの，自分でもおかしな行動をしているという自覚はあるが，精神科を受診したことはない。病院に行ったほうがいいと思いながら，これまでどうしても行く気になれなかった。理由を聞くと，⑴昔，近隣のクリニックにかかった際に言いたくもないことを質問され，嫌な思いをしたこと，⑵精神科に行くと薬漬けにされるというイメージがあること（インターネットでその種の書き込みが多数見られること），⑶どうせ病

院に行っても自分の状況をうまく説明できないと思うし，そもそもどこから何を伝えればいいのか見当もつかない，ということであった。

相談員は，それまでの状況を整理した上で，Aに対し，生活リズムを整えながら外出し，簡単なバイトをしてみることを当面の目標にしてみてはどうかと提案をした。そのためにも，まずは近隣の精神科の病院に行ったほうがよいと思うと伝えた。しかしながら，Aは上述の理由により，通院をすることには前向きではなかった。

その後のメール相談では，Aに対して精神科の実態に関する丁寧な説明をした上で誤解をとき，病院に行った際に喋る内容をメール上でまとめ，受診の際にスマホの画面を医師に見せることを提案した。手始めに，それまでの相談メールから明らかになった経緯について，相談員がメール上でまとめ，それをAが修正することを数度繰り返し，相談する内容をまとめることとした。

また，Aの住むおおまかな居住地（最寄り駅）を教えてもらい，周辺で継続的に通院ができそうなクリニックを検索し，提示した。数日後，Aからは実際に受診ができたこと，メールでまとめた内容を見ながら話をし，十分に理解してもらえたことが報告された。

教育

医療

福祉

産業

司法

ポイント❶
相談に関する自己効力感の援助

　メディアを介した相談を受ける場合，ちゃんと相談できるか／説明ができるのかが不安であり，そのような不安が援助要請行動の生起を阻害している場合が多くみられる。そもそも，ウェブを介してメールで相談をしてくる人は，そのような不安を抱えているからこそメールという発話がコントロールしやすい非同期的なメディアで相談をしてくるものと思われる。このような不安を抱え，メールというメディアを相談の媒体として選好している者を対面での相談につなげることにはひとつハードルがある。しかしながら，医師や心理士といった専門家の支援は多くの場合，対面によって提供されているという現状がある以上，なんらかの方法で相談者が，自分の状況について説明できるという相談に関する自己効力感が持てるように支援をする必要が

ある。本事例の場合，相談内容が記録として残るため，それらを編集することにより，比較的低コストで相談すべき内容をまとめることができる。相談者が，自分が納得できる形に修正し，それをお守りとして持っていく（スマートフォンでいつでも閲覧できる）状態にすることで，こうした問題は解決することが多いように思われる。

　以上の状態は，コストの低いメールでの相談が対面での専門家との相談場面のリハーサルになっていると考えることもできる。低いコストで援助要請の練習をし，援助要請行動に関する自己効力感を高めることで，より高度な援助要請行動を行うことが可能になっていくと考えられる。

ポイント❷ 問題への対処の見通しの共有

　自殺の危機に瀕した相談者との対話の際に共感や傾聴が重要であることは言うまでもないことであるが，同時に，抱える問題の整理を行い，解決への道筋を共有することも重要である。なぜならば，自殺はよりよい生に向けた問題解決方法のひとつとして選択されるものだからである。他の問題解決方法（苦痛の低減方法）が提示されれば，極限まで高まっている自殺念慮も落ち着いてくることが多い。もちろん，自殺を考える者の抱える問題は通常短期間で解決できるような簡単なものではない。しかしながら，問題を解決することはできなかったとしても，問題を解決するまでの大まかな道筋を見出し，それを共有することは可能である。その道筋を提示・説明し，共有していくことは，心理的視野狭窄で問題の解決が見えなくなり，自殺念慮の高まった者の心を落ち着ける作用を持つものと思われる。

事例2　過重労働により自殺念慮を抱いた29歳男性会社員B

　Bの初回相談メールには，毎日の長時間労働に疲れ果てていること，仕事量が多いこともさることながら，上司からのパワハラまがいの言動により土日も「自主的」に出勤せざるを得ないこと，これだけ長時間労働をしていても仕事の充実感がなく，自分は代替可能な存在でしかないことが辛いという趣旨の内容が700字ほども綴

られていた。休日出勤が重なるようになり，友人とレジャーに出かけることもできなくなり，一人で飲酒をすることだけがストレスの発散になっていること，このメールも飲酒をしながら書いているといった記載も見られた。

　アセスメントのためのウェブアンケートを送付すると，K6の得点は19点（／24点満点），自殺念慮・自殺の計画はあるが，自殺企図歴はないという状況であった。このところ，食欲はあまりなく，体重が5キロほど減少したこと，寝つきが悪く夜間の中途覚醒が激しいことも語られた。Bはこれまでに精神科や心療内科に通院した経験はなかった。

　上記の状態を勘案し，メール相談では，Bに精神科を受診することを勧めた。通院を勧める理由には，K6の得点が高得点だったこと（およびその得点が意味する内容），労働環境が悪く，疲弊が著しいこと，アルコールの摂取などによって睡眠の質が悪くなり，それがさらに労働の質を下げて長時間労働を助長している可能性があること，こうした悪循環を断つために受診が役立つ可能性があることを伝えた。しかしながら，Bは受診について難色を示し，相談メールのやりとりは停滞した。受診を前向きに考えられない理由を聞くと，精神科の病気の診断名がつき，それが会社にばれるようなことがあれば自分の将来が破滅する，と考えているようであった。こうした誤解をとくため，守秘義務等に関する説明をしたものの，Bは受診行動をとるに至らず，相談員とのメールも途切れてしまった。

　Bからの連絡が途絶えて2週間ほどたってから，その後の様子を聞くためのフォローアップのメールを送信した。Bは休みも少なく受診予約の電話はかけられていないが，近隣の病院については調べたとの連絡があった。相談員は，Bの受診への動機づけを高めるため，これまでのメールのやりとりを振り返り，Bが自分でもアルコール依存やうつ病のような状況にあるのではないかと以前から考えてきたこと，その思いを飲酒で誤魔化しながらなんとかやってきたこと，しかしながら休みも少なく，なかなか行動ができないという葛藤にあると現状を明確化したメールを送信した。

さらに2週間後，Bからは受診の候補となっていた病院のひとつに予約を入れ，受診をすることができたこと，医師から受けた診断の内容や処方された薬に関する話が報告された。その後も数週間ごとにメールのやりとりを重ね，通院をしながら仕事が継続できている様子を確認し，相談を終結させた。

ポイント❸
援助要請に関する葛藤の明確化とフォローアップ

　メールでの相談をしていく中で，実際に専門家から支援を受けるために受診／相談等の援助要請行動を生起させることへの強い葛藤が表明されることは多い。死にたい状態にまで追い詰められた相談者の多くは，もちろん，自分自身に何らかの外部からの支援が必要であることは理解している。しかしながら，自身の弱さを開示し，支援を受けることは非常に難しい。これは，自殺の危険性の高い者が有する「負担感の知覚」をさらに強め，自身の価値を貶めると感じてしまうからだろう。

　こうした際には，**動機づけ面接**（Miller & Rollnick, 2002）の枠組みを応用することで奏功することが多い。動機づけ面接とは，両価的な心理状態を解消するために行動を変容しようという相談者の内発的動機を高めることを目的とした来談者中心かつ指示的な方法であり，アルコール依存等の健康問題の変容方法として開発された実践的面接技法である。動機づけ面接では，両価的な状態の均衡を解消し，特定の（健康志向的な／建設的な）行動に向けた意思決定を促すために，4つの基本原則（共感を表現する，矛盾を拡大する，抵抗を手玉にとる，自己効力感を援助する）を元に対話を進めていく。

　上述の4つの基本原則にのっとり，自殺の危機に瀕した者の援助要請行動を促進するときにも，援助要請行動の生起に関する葛藤を明確化した上で（つまり，相談者の抱える両価性への共感を示しながら，相談者の抱える矛盾を拡大し），ポイント①でも解説をしたように，援助要請行動への自己効力感を高めていく。このような介入を実施した場合，葛藤への直面化の回避が生じ，メール相談が滞ることが多い。しかしながら，そこで諦めずにフォローアップのメールを続けることにより，葛藤に直面し，その上で援助要請

行動の生起に至るケースは多いように思われる。自殺者はそもそも，生か死か，という両価的な感情を抱え，その中で苦しんでいる。動機づけ面接のように，特定の行動を生起させるか否かという両価的感情を扱う面接技法の枠組みと相性がよいのは，このためかもしれない。

3 まとめ

本章では，ウェブ検索連動型広告を用いた自殺予防活動において，自殺の危険の高まったインターネット利用者に援助要請行動を促し，専門家からの支援を対面で受ける確率を高める方法の解説を行った。最後に，筆者の主観的な意見であるが，このような活動を成功させるために重要な点について述べる。それは，「援助要請行動を促し，専門家からの支援を対面で受けるように導く」などといったパターナリスティックな意識を支援者の側が持たないことではないかと思われる。筆者があえて「専門家からの支援を対面で受ける確率を高める」としたのは，われわれ支援者が行うことはあくまで選択肢の提示であり，特定の選択を強制することではないからである。言うまでもなく，自殺予防活動の目的は，死を考える者に生を選択してもらうことである。しかし，生を選択することを強いるかのような態度は，死を考える相談者をより一層の孤独に追い込み，結果として自殺を予防することにはつながらない。われわれの仕事はあくまでも苦痛を低減する他の選択肢を示すことであり，選択をするのは相談者の自由意志である。このような回りくどい態度を保持し続けることが，結果として自殺を予防することにつながることは決して忘れてはならない。

■引用文献

Miller, W. R. & Rollnick, S. 2002 *Motivational interviewing: Preparing people for change, Vol. 2*. Guilford Press: New York.

Shneidman, E. S. 1993 *Suicide as psychache: A clinical approach to self-destructive behavior*. Aronson: New York.

末木新 2011 自殺の危険の高い者は他者に助けを求めないか？──自殺念慮・自殺関連行動と援助要請の関連に関するレビュー. 自殺予防と危機介入, 31, 84-90.

末木新 2019 自殺対策の新しい形──インターネット，ゲートキーパー，自殺予防への態度. ナカニシヤ出版.

van Orden, K. A., Witte, T. K., Cukrowicz, K. C., Braithwaite, S. R., Selby, E. A., & Joiner Jr., T. E. 2010 The interpersonal theory of suicide. *Psychological Review*, 117, 575-600.

COLUMN 3　　当事者の声・支援者の声

精神疾患に悩む人の心理的負担
—— 当事者，そして援助職の立場から思うこと

匿名（団体職員・30代男性）

● はじめに

　私は援助職である。心理の"業界"も少しは知っている。この「援助職」と「当事者」という双方の視点から，援助を要請する上での障壁を述べたい。さらに当事者や家族がいかにすれば援助要請を行いやすくなるか，自戒も含め考察したい。

●「物理的な障壁」を越えることへの心理的負担

　私は，インターネットを使って受診候補先を選んだ。普段，"実践"を共に学ぶ仲間が関係する機関は選ばず，利用者の"口コミ"を頼りにした。第一候補となった医療機関は予約制であった。電話をかけてみると1カ月先まで予約が一杯であった。精神科受診に抵抗感を覚えていた私は，それを表向きの理由として，医療機関の受診を遅らせた。1カ月後も症状は続いていた。第二候補への電話は，中年らしく"重い腰"を上げ電話した。結果，受診し気分の落ち込みを改善する薬を処方してもらった。症状は徐々に沈静化した。症状が沈静化すると同時に，仕事も忙しくなっていった。その後，現実的な理由で通院曜日を変えざるを得なくなった。担当医が変わることに悩んだが，主治医と相談した上で異なる担当医の元に通うことになった。しばらくすると，その担当医にどこか"相性"の悪さを感じるようになった。あるとき，半ば衝動的に，第三候補の医療機関へ電話をすることがあった。予想はしていたが，担当医からの紹介状が必要ということであった。表面的には了承したが，内心困ってしまった。理由は，その担当医は，担当医として熱心で誠実な診療を提供してくれていたからである。私はその誠実さを裏切ったように感じた。

●「精神疾患への負のイメージに伴う障壁」を越えることへの心理的負担

　自身のうちに精神疾患の存在を自覚した際，最も意識したのは職場やそこで出会う人への影響であった。職場は，人員的には余裕がある組織ではなく，日々忙しかった。また入職前の面接時，担当者から「メンタルは強いほうか」という質問があったことも影響していた。その際の私の回答と"今"が異なることに「恥ずかしい」という気持ちがあった。さらに，自分が精神疾患にかかっていることを認めたくない気持ちがあった。根底には，私が私の"血"や"家族史"を否定して生きてきたことがあるのであろう。このことは，いわゆる"偏見"を，自らもまた潜在的な意味であれ有している，という気づきにもつながった。

精神疾患のイメージについて考えるとき，私はいつも幼少時のことを思い出す。実家の近所に，一見近寄りがたく，風変わりな中年男性がいた。私はその姿を捉えて「あの人なんだか元気ないね？」と言う少年であった。親からは「しっ!!」っと，それ以上触れることを止められていた。まさか中年に至って，周囲からそのように言われることがある精神疾患に，自分が罹患するとは思わなかった。

● 当事者や家族が援助要請を行いやすくするために

　では，いかにすれば，当事者や家族が援助要請をしやすくなるのだろうか。

　私にとって家族は，症状が強かったとき，最も近くにいた存在である。共働きである私の家では，子どもも小さく，それなりに忙しかった。そのため，日々のスケジュールを要領よくこなす必要があった。しかし，次第に，何をするのにも億劫でゆっくりになってしまった。そして，よけいに，妻や子どもにも多大な物理的心理的負担を与えてしまった。妻がその様子を見かねて，「私も話を聞きたいけど，これまでずっと仕事も頑張ってきたんだし，一度くらいお薬の力を頼ってみたら？」と発した言葉は，当時の私に受診を決意させるものとなった。

　私は，援助要請をしやすくする取り組みとして，当事者の家族も自身の問題として精神疾患の知識を得たり，さらに，その認識に基づいて，家族が悩んでいるとき，ちょっとだけ気にかけること（周囲の勧めなど）を促進する介入が必要ではないか，と考えている。少なくとも私は，家族が同じような事態に陥ったときに，そのようにしたい。

● これから心理職になろうとしている読者へ

　最後に，これから心理職になろうとしている読者に向けて，現在，当事者として，援助職として生きている者の一人として，次の3つのことを伝えたい。

　第一に，心理職としての長いキャリアにおいては，援助職であるがゆえに援助を求めづらい場合があることを知っていてほしい。

　第二に，他者に援助を求めることを，一度は身をもって経験してほしい。

　第三に，援助を求める行為自体を，実は，自身の中で否定していないか，もう一度だけ見直してほしい（もし否定しているなら，それを肯定してほしい）。

　この拙文が，読者が，これから出会う当事者への援助的接近を考えるためのひとつの参考になれば幸いである。

第2部 実践現場からみた援助要請

産業

10 事業所内の相談窓口における援助要請

関屋裕希

Introduction

産業領域におけるメンタルヘルス対策は，一次予防，二次予防，三次予防と大きく3つの次元に分けられる。すでにメンタルヘルス不調となった労働者や休職をした労働者職場復帰の支援など，再発予防としての三次予防，メンタルヘルス不調を早期に発見し，適切な対応を行う早期発見・早期対応の二次予防，メンタルヘルス不調を未然に防止する一次予防である。近年，企業のメンタルヘルス対策は，健康経営への注目などの社会的背景から，三次予防や，二次予防の早期発見・早期対応はもちろんのこと，いかに未然にメンタルヘルス不調を防止するかという一次予防対策も重視されるようになっている。そのため，「心身の不調を抱えながらも，健康管理室等の相談窓口を利用しない」ことだけでなく，「ストレス要因のある環境で，不調を感じる前に早期に相談すること」の重要度が高まっている。本章では，2つの事例を通して，産業領域における4つの援助要請のポイントについて解説する。

1 心身の不調を抱えていながら相談につながらない従業員の理解と支援

厚生労働省が無作為に抽出した全国の14,000事業所を対象に実施した「平成29年労働安全衛生調査」(厚生労働省,2018a)によると，メンタルヘルス対策に関する相談体制を所内で整備している事業所は39.4％ある。また，厚生労働省の「労働者健康状況調査(2007-2011)」(厚生労働省,2012)によると，仕事や職業生活に関する強い不安や悩み，ストレスを有する労働者は6割程度いることが示されており，その割合は高い。一方で，メンタルヘル

に関する問題を抱えながら専門の相談機関に援助を求めないというサービスギャップが存在する。ストレスや悩みの原因としては，人間関係の問題，仕事の量的負荷，仕事の質的負荷の順に多いとされており，業務の特徴や職場環境によって生じており，一人で悩むよりも，早い段階で相談窓口につながり，早期に解決することで，心の健康問題を防ぐことが望ましい。

　企業内の健康管理室や相談窓口に所属するカウンセラーとして，産業領域特有の状況について，理解しておくことが重要である。まず，利用者となる従業員にとって，事業場は仕事をして，そのパフォーマンスを評価され，賃金を得る場であるという点である。この点が，「相談をすると能力が低いと思われる」など，事業場内で相談するうえでの心理的な障壁となる場合がある。次に，事業者には法的に**安全配慮義務**が課せられているという点がある。労働契約法第5条に，「使用者は労働契約に伴い，労働者がその生命，身体等の安全を確保しつつ労働することができるよう，必要な配慮をするものとする」と記載されている。事業者がこの義務を怠り，労働者に損害が発生した場合，事業者は労働者に対して損害賠償責任を負うこととなる。そのため，相談窓口に寄せられた内容によっては，産業医に相談したうえで，事業者と情報を共有し，対応にあたっていくことが求められる場面もある。一方で，当然のことながら心理専門職として職種上の守秘義務を負っており，自傷他害の恐れのある場合を除いて，情報共有への本人同意は欠かせない。事業所における労働者の健康に関する個人情報の保護については，「**労働者の心身の状態に関する情報の適正な取扱いのために事業者が講ずべき措置に関する指針**」（厚生労働省，2018b）が出されており，心身の情報の適正な取り扱いにおける事業場の規程作成，体制整備，情報収集に際しての本人同意の取得，労働者に対する不利益な取り扱いの防止について対応が求められる。

2　事例とポイントの解説

　自主来談＋すぐに休職することとなった従業員

　A（32歳，設計開発職，入社7年目）は大学院を卒業後，設計

開発職として入社した。仕事は細やかで，上司の評価もよく，同僚から頼まれたことも断らずに引き受け，部署の中で重宝される存在だった。上司が転勤したこと，年配の先輩が家庭の事情で辞めたことから，Aが職場リーダーに抜擢された。Aは設計開発の仕事に高い満足を感じており，管理的な仕事は自分には荷が重いと感じていたが，部長に説得されて，引き受けざるを得なかった。

　管理職が集まる会議での発言，他部署との交渉場面でうまく話せず，自分より年上の部下から「勝手に他部署からの要求を飲んでもらっては困る，管理職としての責任を果たしてくれ！」と言われ，落ち込みを感じるようになった。昇進して1カ月で寝つきが悪くなり，仕事のことを考えると不安が強くなり，食欲も低下した。ある日，Aの伝達ミスで，部下が取り組んできた業務を一からやり直さなければならない事態が発生した。部長からの叱責に加え，部下からは「時間を返してほしい」と言われてしまった。

　「自分はダメな人間だ」「会社にいる価値がない」「もう辞めるしかない」と自分を責め，ついに家から出られなくなり，欠勤。数日後，心配した両親に勧められ，健康相談室に相談に来た。

　Aは，強い抑うつ感や不眠，食欲低下などのストレス反応を呈していたため，カウンセラーが本人に産業医面談を勧め，産業医面談を実施。その場で医療機関の受診を勧められ，主治医より「1カ月の休業が必要」との診断書が出て，休職することとなった。

　結果的に，3カ月間の休職期間を経て回復したAと再発防止について話し合う際，カウンセラーが，不調になったときの相談室の活用について問いかけると，「休職前は，社内の健康相談室に行ったら，会社や上司に知られてしまう。ただでさえ，周囲の期待に応えられていないのに，相談室を利用するなんて，ダメな人間だと思われてしまうのではないか，自分でなんとかしなければいけないと思っていた」と語った。カウンセラーは，Aの来談への抵抗感を受け止めながら，相談室の位置づけや，相談した内容がどのように扱われるのかについて丁寧に説明することの必要性を感じた。こうした観点を考慮に入れつつ，Aの問題を抱え込むところを踏まえたう

えで，再発予防のために役立つことを一緒に考えていくこととした。

ポイント❶
心の健康問題へのスティグマ

Aはメンタルヘルス不調の症状が始まってから，すぐには来談せず，要休業の診断書が出る状態になってから，ようやく相談室へとつながった。また，自主来談と言っても，家族に後押しされてからの来談であった。

宮仕（2011）によると，産業領域における援助要請を抑制する要因として，メンタルヘルス不調についての**スティグマ**があるという。本人にとってパフォーマンスを評価される産業領域では，「心の健康問題を抱えていることが周囲に知られると，好ましくない評価をされ，否定的に扱われる」，「相談する自分を受け入れられない」といったスティグマがより強まる場合が多い。

対策としては，まず心の健康問題について**適切な情報を提供する**ことが挙げられる。健康相談室のホームページ，リーフレットやメンタルヘルス研修，e-ラーニング等の啓蒙の場において，メンタルヘルス不調は弱さや性格の問題ではないこと，専門職からサポートが得られること，うつ病は怠けではなく気力低下は症状のひとつであることなど，適切な情報を伝えていくことが重要である。これは，相談者となりうる従業員だけでなく，管理部門の担当者や管理監督者（いわゆる上司の立場にある人）も含め，その事業所にいる全員の共通認識となるよう，働きかけていく必要がある。

次に，**物理的な相談室の環境**が挙げられる。人目につく場所にある，待合室等で他の相談者と顔を合わせることになる，他の会議室の声などが相談中に聞こえてくる，といった安心して相談できない環境は，相談へのハードルを上げる。心理的な抵抗を抱えた相談者が相談しやすい環境であるか，見直してみることが望ましい。

ポイント❷
個人情報の取り扱いについての不安

Aは復職後，「社内の健康相談室に相談すると，会社や上司に知られてしまうのではないかと思っていた」と自分が相談した情報の取り扱いについて不安を述べていた。前述のとおり，事業者には安全配慮義務が課せられていることから，産業医，人事労務担当者，管理監督者と連携して対応にあたる

ことが求められる場面も多いが、個人情報の取り扱いが不明瞭なまま、相談窓口の周知を行っても、利用にはつながりにくい。社外EAP等の外部相談窓口に比べても、社内相談窓口では、この点への配慮がより強く求められる。対策としては、以下の3点が考えられる。

　まず、**個人情報の取り扱い**について、事業所内で設けられている規程やガイドラインに沿ったうえで、相談室において、相談内容がどのように扱われるのか、誰がどのように対応して、相談したあとはどのような流れになるのか、関係者は誰か、といったことに関するルールを決めて、周知することが挙げられる。基本的には、本人の同意をとった相手に、同意を得た内容について知らせることになるが、どういった場合に守秘の範囲外となるのかについても、あらかじめ決めておく。規程やガイドラインを定める際には、前述の国の指針を参照しながら進める必要がある。

　2点目に、**不利益な取り扱いがされないこと**を周知しておくことが挙げられる。相談室を利用することで、否定的な評価をされる、相談を理由とした一方的な異動や転勤という結果につながる、降格されるなど、従業員にとって不利益が起きないことを明確にしておく。この点に関しても、従業員のみへの周知に留まらず、関係者全員の共通認識となるようにする必要がある。

　3点目に、**本人が来談につながったあとも、情報の取り扱いについて丁寧な説明をしていくこと**が挙げられる。相談の内容によって、どのような目的のために、誰にどの程度の内容を伝えて、どんな展開を目指すのかをしっかりと話し合って、理解や同意を得ることを丁寧にやっていく。もちろん、相談のゴールは相談者が職場に適応して健康に働くことのできる状態を目指すことであり、そのために必要な情報共有であることを理解してもらうことで、同意を得やすくなる。丁寧な説明と同意を得るプロセスを経ることで、相談窓口への信頼が高まり、新規来談へとつながりやすくなると考えられる。

> **事例2　上司の勧め＋早期来談で不調予防につながった従業員**
>
> 　B（26歳，検査員，入社4年目）は、研究開発の職場で検査の仕事を担当している。突発的なトラブルがあるとかたまってしまい

作業を進めることができなくなったり、一度にひとつのことしかできなかったりするため、仕事が遅れがちである。上司が伝えたことを忘れてしまうため、やり直しや周りのフォローが必要となり、同僚も困っている。B本人も、仕事がうまく進められないことや、周りに迷惑をかけていることに悩んでいる様子で、最近は同僚と一緒に昼食をとることもなくなり、朝の表情もさえない。

上司のCが心配し、「元気がない様子で心配している。一度、健康相談室に行ってみてはどうか」と勧めたが、Bは「相談室に行くようなことではないので、大丈夫です」と答えた。上司のCは、まずは自分が「心配な部下がいる」と健康相談室に来談することにした。カウンセラーは、職場でのBの様子を細かく聞いた上で、指示は具体的にひとつずつ行う、口頭だけでなく文書で指示を出す等のBへの関わり方についてのコンサルテーションを行った。

Cが指示の方法を工夫したことで、Bが落ち着いて仕事をできることが増えてきた。Cがあらためて、「健康相談室は、Bが仕事に集中できるような工夫も話し合うこともできるから行ってみないか」と提案し、Bも来談することになった。

Bに話を聴くと、これまでの勤務経験でもミスが多く、注意されたことがあること、トラブルなど経験のないことが起こるとどうしてよいかわからず、頭が真っ白になってしまうことが話された。Cからの情報とあわせて、本人ができる工夫として、トラブル時に聞く相手を決めておくこと、起きたトラブルについては自分で対応をマニュアルにすることといった対応を話し合った。

職場で対応方法を実践してもらい、その結果を面談の場で振り返ることを繰り返した。次第に、Bは仕事に集中して取り組むことができるようになり、ケアレスミスややり直しも減り、同僚とも元のように一緒に昼食をとるようになった。

ポイント ❸
具体的な利用イメージの不明瞭さ

産業領域では、ケースを「疾病性」と「事例性」に分けて問題を整理して

いく。「事例性」のある状態とは，本人自身もしくは周囲の人が何らかの不都合や問題を感じている状態のことである。事例2では，やり直しやフォローが必要で上司や同僚が困っていることや，仕事が遅れがちであることが当てはまる。「疾病性」は，精神的な診断のつく状態のことを指し，「健康相談室」というと，すでに症状が出ている，疾患を抱えている，という状態の場合に利用する二次予防のための窓口だと誤解される場合がある。だが，産業領域での相談窓口の機能を考えると，本事例のように「事例性」に問題が生じた時点で早期に相談窓口につながることができれば，不調になることや，休職になることを予防することができ，一次予防対策としての機能も担うことができる。早期に相談につながってもらうためにも，どのような場合に利用する窓口なのかを明確にすることが重要である。対策としては，以下の2点が考えられる。

まず，健康相談窓口のホームページで，どのような場合に利用してもらいたいか箇条書きで示しておくことが挙げられる。また，介護や子育てなど家庭での問題については相談ができないと捉えられやすいため，社内相談窓口でもそういった問題を扱っている場合には，明記しておくとよい。

2点目は，20〜30分ほどの**体験カウンセリングの実施**がある。健康診断など事業所で行う健康関連の行事のときに周知して場を設けることで，希望者は帰りに立ち寄ることができ，気軽に体験することができる。特に困っていない場合でも，仕事のことを誰かに話すことで整理が進む，新たな気づきがある，という体験につながれば，いざ困ったときに，「相談してみよう」と選択しやすくなる。

ポイント❹
関係者との協働体制

事例2で，管理監督者が本人に相談室を勧めたように，産業領域では，本人の関係者から援助要請に結びつける視点も重要である。本事例の上司Cは，Bの変化に気づき，声かけをして，相談を勧めている。そして，本人が相談に行かなかった場合，**上司自身がコンサルテーションを受けることで**状況改善に努めている。管理監督者を含めた関係者がこういった適切な行動をとることができるようになるために，以下の2点を対策として挙げたい。

1点目は，管理監督者向けにメンタルヘルス研修を実施する際に，コンサ

ルテーションという利用方法があること，部下の不調のサインに気づいて相談を勧めるスキルについて伝えておく方法である。教育研修を通じて，普段従業員と直接接する機会のある管理監督者に適切な行動がとれるよう啓蒙しておくことが有用である。

　2点目は，産業医，社内の人事労務担当者や，コンプライアンス，診療所といった関係者や関係部署と日ごろから情報交換を行い，**連携できる体制**づくりをしておくことである。守秘義務や個人情報に配慮した上であるが，組織的対策と個別対応両方の水準で，情報交換をして協働的に対応にあたる関係があることは，早期発見・早期対応やメンタルヘルス不調の未然防止につなげることに役立つ。

3　全体の解説

　事業所内にある相談窓口における援助要請について，産業領域の特徴を踏まえて，2つの事例をもとに，4つのポイントを紹介した。1つ目は，より早期に援助要請がなされていれば，相談窓口が三次予防として活用された事例を紹介し，二次予防や一次予防として機能するためのポイントを挙げた。2つ目は，相談窓口が一次予防として機能した事例を紹介し，職場のメンタルヘルス対策におけるキーパーソンである管理監督者や関係者連携・協働の視点を挙げた。これらのポイントを踏まえた対策がなされることで，事業所内相談窓口がいきいきと働く労働者のサポート機能を担うことができるようになることが期待される。

■引用文献

厚生労働省　2012　労働者健康状況調査(2007-2011).
　https://www.mhlw.go.jp/toukei/list/dl/h24-46-50_01.pdf（2019年3月31日閲覧）

厚生労働省　2018a　平成29年労働安全衛生調査. https://www.mhlw.go.jp/toukei/list/dl/h29-46-50_kekka-gaiyo01.pdf（2019年3月31日閲覧）

厚生労働省　2018b　労働者の心身の状態に関する情報の適正な取扱いのために事業者が講ずべき措置に関する指針.
　https://www.mhlw.go.jp/content/11303000/000343667.pdf（2019年3月31日閲覧）

宮仕聖子　2011　専門的心理的援助要請を抑制および促進する要因についての検討――産業メンタルヘルスの視点から．日本女子大学 人間社会研究科紀要, 17, 73-94.

第2部 実践現場からみた援助要請

産業

11 EAPにおける援助要請

榎本正己

Introduction

　働く人々が，仕事や家庭生活において悩みや不安，ストレスを感じることは少なくない。成人の援助要請は，それまでの人生での援助・被援助体験の蓄積に左右される部分も大きいと考えられ，成人だから必要時に専門家の支援を適切に要請できるとは限らない。本章では，EAPへの「管理職からの相談」と「管理職からの勧めによる従業員からの相談」の2事例を通して，産業心理臨床領域での就労者への援助要請態度，意図，行動へのアプローチを解説する。

1 働く人々のストレスと援助要請の相手

　働くことは，単に生活の糧を得るだけでなく，社会とのつながりを維持し自己肯定感や自己効力感を高めるなど，人生に潤いや楽しさを与える刺激のひとつと言えるだろう。一方，平成29年労働安全衛生調査（実態調査）（厚生労働省, 2018）によると，「現在の仕事や職業生活に関することで，強いストレスとなっていると感じる事柄がある」労働者の割合は58.3％と半数を超え，そうしたストレスが発生した際の相談相手がいる人の割合は男性90.7％，女性93.4％であり，「いない」と感じている人が一定数存在することがわかる。また，「いる」と回答した人の相談相手は「家族・友人」85.3％，「上司・同僚」77.1％などが多く，「産業医」8.9％，「カウンセラー」は3.1％であった。実際にカウンセラーに相談した人は1.1％に留まる。カウンセラーが身近にいる人の割合は不明であるが，働く方々のカウンセラーへの援助要請意図，援助要請行動が高いとは言い難い。

2 EAPの源流と日本での拡がり

　EAP（Employee Assistance Program）は，米国発の総合的なカウンセリングサービスであり，アルコール依存症に罹患した従業員をAlcoholics Anonymous（AA，断酒のためのセルフヘルプグループ）につなぐ活動に端を発する。アルコール依存症は否認の病とも呼ばれるように，本人が飲酒上の問題を認めることは容易ではなく，よって本人からの援助要請行動は望みにくい。自ら援助を求めていない人にどのようにケアを提供していくか。EAPは職域においてこの課題に向き合ってきた。わが国では，「**事業場における労働者の心の健康づくりのための指針**」（厚生労働省, 2000）＊において「事業場外資源」の活用が促されたことから，自殺やうつ病の予防を目的とした職場のメンタルヘルス対策を担う機関として企業への導入が急速に広まった背景がある。相談，研修，ストレスチェックなど多様なサービスを提供している。

3 事例とポイントの解説

ストレスチェックを契機に相談してきた管理職

　製造業を営む従業員600名規模のA社と契約する外部EAP相談室に，「ストレスチェックのことで……」と管理職のBが電話をかけてきた。「自分のことではなく，部署のストレスが高いという結果が出ていたので心配になった」とのこと。Bは，先日A社でEAPカウンセラーが講師を務めた研修に参加し，ストレスチェックに関する相談もできると知って相談に至ったそうである。「そうでしたか，ご連絡ありがとうございます。Bさんと部署の皆様のお力になれればと思います」。内容が部署のことでも部下のことでも，目の前のクライアントに「相談者」として敬意を持って対応し，まずは

＊ 現行の指針は「**労働者の心の健康の保持増進のための指針**」（厚生労働省, 2006）

相手が話しやすい関係づくりを行っていくことに変わりはない。

「ストレスチェックの結果で，どこか気になる部分はおありですか？」「色々あるのですが，『コントロール度』が特に低く出ているようで，これってどういう意味でしょう？」「そうなんですね。コントロール度というのはいわば裁量権のようなもので，自分のやり方やペースで仕事ができない，職場で自分の意見が反映されないなどと感じているときに低く出るようです。何か思い浮かぶことはありますか？」「うーん，どうかな……。でも確かに，部下の意見を広く拾えていない部分はあるかもしれません」「と言いますと？」——などと話を進めて数値の背景にあるものを想像し，「背景には何がありそうでしょう」「理想はどんな形でしょう」「何ができればよいでしょう」と，原因や理想像，そこに向けて取りうる対策を一緒に考えていった。当面のアクションとして「ミーティングで必ず全員に発言機会を設ける」を選択し，相談は終了した。

2カ月後，Bから「先日はありがとうございました。例の件は，実際にやってみたら時間が足りなかったので，意見を1分で話すことを皆で心掛けて続けています。今日はまた別件がありまして」と再度の電話があった。「最近，突発休や遅刻早退が増えている部下がいまして，職場でもボーっとするなど心配なので先週医者を勧めたのですが，『大丈夫です』と言うばかりで，受診した様子はありません。どう対応すればよいのでしょう」「それはご心配ですよね。その方とは何回かお話を？」「いえ，そのときの反応が悪かったので1回だけですね」「そうなんですね。でも**安全配慮義務**（労働者が安全・健康に働けるよう企業が必要な配慮を行う義務）の観点から放置するわけにはいかないし，と……」「まさにです。だから困っていて」「ですよね。医療機関に抵抗あるならまずEAPや産業医をお勧めいただき，こちらで受診の必要性を一緒に検討することも可能です」「でも，行きますかね」「そこですね。勧め方としては，本人を病気扱いするのではなく，あくまで『仕事に影響が出ているから』と伝えていただくのがポイントです。あとBさんが差し支えなければ，『心配だから私もEAPに相談した』とお話になり，私の

名前も部下の方にお伝えくださって構いません。また，受診やEAPに抵抗があるようなら，何が心配なのか，お気持ちを聴いて差し上げてください」「あぁ，確かに受診するしないばかりで，気持ちを伝えたり，部下の心配を聴いていませんでした」「ええ，焦りますよね。睡眠や食事の状況なども確認いただいて，結果をまた教えてもらえますか？」「わかりました。週明けに連絡します」

ポイント❶ 個人と組織，色々な相談

EAPは，「1.職場組織が生産性に関連する問題を提議する。2.社員であるクライアントが健康，結婚，家族，家計，アルコール，ドラッグ，法律，情緒，ストレス等の仕事上のパフォーマンスに影響を与えうる個人的問題を見つけ，解決する」（日本EAP協会ウェブサイト）――この２点を援助するためのプログラムである。個人の相談に応じつつ，職場組織がよりよくなることを目指している。ここから，EAPを特徴づける２つの特徴が導き出される。ひとつが多様な相談への対応であり，もうひとつが管理職層との関わりの重視である。

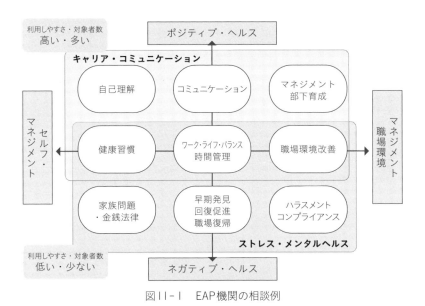

図11-1　EAP機関の相談例

先述のとおり，EAPはわが国にうつ病・自殺対策として導入された経緯があり，「メンタルヘルス不調の人の相談窓口」との認識が強い。しかし，EAPは苦しいときだけの相談先ではなく，よりよい状態を目指すポジティブな内容を含む様々な相談への対応を行っており（図11-1），このことは相談へのポジティブな印象形成（援助要請態度の好転）に寄与するものと考えられる。また，**労働安全衛生法**の改正により2015年から義務化された**ストレスチェック**は，個人には自らの心身の状態に，組織には集団のストレス傾向に気づく機会となり，EAPが行う研修や寄稿などとともに，援助要請行動を引き出す契機となっている。

ポイント❷ 業務パフォーマンスとマネジメントコンサルテーション

EAPの2つめの特徴が，管理職や人事担当からの相談「マネジメントコンサルテーション（マネコン）」の重視である。管理職は職場内の不調者に気づきやすく，また不調者に直接対応する機会と責任を有している。この対応の際に重要な観点が「業務パフォーマンス＝仕事ができているか」である。管理職は医師ではないため，部下に不調が疑われても「病気だから受診せよ」とは言えない。しかし，「仕事に影響が出ている」状況を改善する責任があり，ゆえに部下にそれを命じる権限は持っている。「遅刻をなくさないとね。方法はまずは君に任せるが，私としては医師やカウンセラーの助けを借りるのも一案と考えているよ」との伝え方であれば，管理職が本来持つ権限を活かしつつ，専門家への部下の援助要請意図・行動を促進できる。

また，相談冒頭から「どうすればいいですか？」と対応策の提示を求めてくる管理職も少なくないが，状況や背景やこれまでの対応などを確認せずに性急なアドバイスに走ると，カウンセラーの案を管理職が判定する「ええ，でも」のパターンに陥ることがある。たとえマネジメント「コンサルテーション」であっても，専門知識を持つカウンセラーと現場情報を持つ管理職がともに考え，当事者である管理職自身からアイディアが出て，カウンセラーがそれを支持し，エンパワーするような流れとしていくには，傾聴，受容と共感といった基本的対応が土台として求められることは言うまでもない。

事例2 管理職からの勧めによる従業員からの相談

　Cは，部下Dとの面談でEAPへの相談の同意をDから得ると，その場でEAPに電話をしてきた。Cとのやりとりの後，電話口に出たDは「あ，どうも初めまして，Dと申します。あの……よろしくお願いします」と挨拶した。「はい。こちらこそよろしくお願いします。お気を付けてお越しください」――紹介者の目の前での電話は話しづらさもあり，ぎこちなく短く終わることも多いが，初回の予約が確実になされるのは大きな利点である。

　後日，相談室を訪れたDは問診用紙を前に「何を話せばいいですか？」と戸惑う様子であった。「Dさんが話したいことを聞かせてもらえればと思いますが，Cさんは勤務状況をご心配ですので，その辺りもおうかがいできれば。Dさんとしては，今の状態をどのように受け止めていらっしゃるのですか」「自分では，まぁ大丈夫かなと……」「おー，そうなんですね。ではCさんの杞憂という感じでしょうか」「うーん……いやまぁ，最近はちょっとまとめて休んだりもあって，仕事的には少しマズいかなと思わなくはないですけど……」「なるほど。このままではいけない，何とかしたいと考え始めてもいるのですね。当日申請のお休みも増えているとのことですが，体調はいかがですか？　万全？」「いや（笑），実はあまり眠れてなくて朝がつらいんです」「睡眠が……それはつらいですね。いつごろから？」――その後，体調を確認して受診の意思を聞いたが，Dはまずは自身での対処を希望した。幸い食欲は維持され，その他の大きな体調不良もないとのことだったため，心身のリラックスと体温変化による入眠促進を狙った「シャワーではなく湯船につかる」との行動目標を立てて面接を終えた。そして，Dから情報共有の同意書を得たうえで，カウンセラーからCに報告を行った。

　ところが，次の面接時間にDが現れない。カウンセラーが留守電にメッセージを入れるも連絡はなく，日を開けてメールをしても返信がない。このため，カウンセラーが管理職のCに電話で状況を確

認したところ,出社はしているも外出中とのことであった。その後,Dから掛け直しがあった。「先日はすみません。前回話していたことができなかったので行きづらくて……」「そうだったのですね。よくお電話くださいました。睡眠やお仕事の状況はどうですか?」「あまり変わっていません。上司からも再度相談するよう言われましたので,申し訳ないですがまた面接をお願いします」。

再設定した面接で,Dは医療機関への受診を決めた。受診後もEAPとの連絡は継続し,不眠の背景にあった,悪いほうへ思い詰めがちな考え方のクセの振り返りを,主治医の承諾を得て行っている。

ポイント❸
本人の相談意欲の喚起

他者の紹介で相談室を訪れた人は,全員が相談や問題解決に向けた意欲を持つわけではない。言わば,援助要請態度や意図が醸成されないままに援助要請行動だけが発生したような状態の人もいる。こうした人には,紹介者(上司等)の意図や「仕事ができていない事実」のみに基づいて相談を進めるのではなく,本人自身の現状認識や気持ちを聞き,本人の中から「現状を変えたい」との気持ちや言葉を引き出す関わりが求められる。例えば,休職者が復職のために職場から求められてEAPにつながることがある。こうした場合も,単に「人事が言うから」「復帰に必要だから」との理由だけで相談や復帰訓練を続けるより,「戻って○○がしたい」「自分のよさを活かして将来的には□□ができれば」と,目指す将来像を口にできたほうが復帰後の安定性は高いように思われる。前者が復職をゴールと考えがちなのに対し,後者は自分のキャリアプロセスの一段階として認識しているため,復職後も目的意識を持って達成感や成功・失敗体験を蓄積し,それが自信の回復につながっているように思われる。援助要請の契機は「外圧」であったとしても,「あなたはどう思う?」と本人の考えと気持ちを汲み,周囲のニーズとすり合わせていく作業が重要であろう。

ポイント❹
紹介者との連携による脱落防止

相談は自分と向き合う作業でもあり,ときに苦しいものである。上司の紹

介で発生した相談ならばなおさら，中断のリスクがつきまとう。また，本人は「職場で問題はない」と相談室で話していても，実際には居眠りが多発していることもある。職場との連携は，こうした中断リスクを下げ，情報の精度を高めることで，本人への対応の質を高める効果がある。もちろんその連携は，本人にとって単なる包囲網ではなく，支援の輪としても機能する必要がある。本人を特別扱いせず「仕事ができているか」と適切な厳しさを持って接する一方，「何があればできそうか」と本人を理解し支える視点や行動もないと，本人の相談継続意欲を低めてしまうであろう。ただ，そうして連携しつつ真摯に対応していると，最初は嫌々相談に来ていた人が，復帰後に「相談してよかった。皆にも勧めたい」と言ったり，休職した人が数年後に管理職となって研修に笑顔で参加していることがある。これはEAPの仕事で最も嬉しいことのひとつである。

同時に，先述の労働安全衛生調査のとおり，労働者の相談相手はまず同僚・上司である。こうして関わった人々がEAPに対して「使える」と肯定的な態度を持ってくれることは，次の相談者の紹介にもつながるであろう。

4 全体の解説

EAPは援助要請行動を引き出す仕組みを持つとは言え，仕組みだけでは決してうまくいかない。筆者が関わっている，ある外資系の企業には，半期に一度，仕事の棚卸しと内省を目的に個人的に相談に来る管理職もいるが，そうしたEAPの使い方はまだまだ稀である。組織内の援助要請態度の醸成は一朝一夕にはならないが，個々の相談対応を通して地道に進めていくことが最も大切だろうと筆者は考えている。

■参考ウェブサイト
厚生労働省　2000　事業場における労働者の心の健康づくりのための指針．
　https://www.mhlw.go.jp/www2/kisya/kijun/20000809_02_k/20000809_02_k.html （2019年3月31日閲覧）
厚生労働省　2006　労働者の心の健康の保持増進のための指針．
　https://www.mhlw.go.jp/houdou/2006/03/h0331-1.html （2019年3月31日閲覧）
厚生労働省　2018　平成29年労働安全衛生調査（実態調査）．
　https://www.mhlw.go.jp/toukei/list/h29-46-50.html （2019年3月31日閲覧）
日本EAP協会ウェブサイト　http://eapaj.umin.ac.jp/coretech.html （2019年3月31日閲覧）

COLUMN 4　　当事者の声・支援者の声

性的マイノリティ支援のために
―― 支援を受ける前の葛藤

飛嶋一歩（CoPrism代表）

● 性的マイノリティとは何か

　性的マイノリティやLGBTというキーワードは，『こころの科学』（2016年9月号），『精神療法』（Vol.42 No.1）で特集が組まれるなど，近年聞く機会が増えている言葉である。性的マイノリティの定義について本稿では簡略な説明に留めるが，異性愛やシスジェンダー（認識している自己の性と出生時に割り当てられた性が一致している）などの社会的に「当然」とされる性の在り方とは異なる人をさす。代表的なレズビアン（女性同性愛者），ゲイ（男性同性愛者），バイセクシュアル（男女どちらも，または性別にかかわらず性愛の対象とする人），トランスジェンダー（認識している自己の性と出生時に割り当てられた性が一致しない）等があり，頭文字をとってLGBTと呼ぶこともある（より正確な説明は『13歳から知っておきたいLGBT』［アシュリー・マーデル著，須川綾子訳］などを参照されたい）。

　このように一口に性的マイノリティと言っても多様であり，さらに例えば同じトランスジェンダーでも自己の捉え方から社会との関係まで様々な考えを持つ人が存在する。10人の性的マイノリティがいれば10とおりの在り方がある。以下にいくつかの困難を紹介するが，当てはまる人もいれば，そうでない人もいることは留意してほしい。

● 性的マイノリティが直面する困難

　「性的マイノリティの支援」と言っても，性的マイノリティであること自体は何ら問題ではない。性的マイノリティであれば，必ず悩んでいる，孤立している，というのは型にはまった見方である。一方で，自分が社会でどのような性として扱われるのか，どの性別を好きになる，あるいは好きにならないのか，パートナーの性別が何かなどは自身の人間関係や生活全般に関わることであり，意外な部分で困難を抱えていることがある。例えば，日常会話において休みを誰と過ごしたか，恋愛話でどんな人が好みかというのはよく話題にされるが，自分が同性愛者であると伝えていない場合，同性パートナーと過ごしたことを伝えられず嘘をついたり，好きでもない異性の芸能人の名前でその場を誤魔化すなど，「異性愛者」として振舞うために，常に気を遣って話さなくてはならない。トランスジェンダーの場合，例えばトイレを使用する際に他者から自分がどの性として見られるのかを考慮して男女用のどちらに入るかを決定したり，男女の区別がないトイレを探し回ることがある。

私が属するCoPrismに寄せられた声も一部紹介したい。この団体は，山梨県甲府市を中心として当事者や性的マイノリティに興味がある人向けの交流会やイベントの企画運営を行っている。交流会の場所を非公開としても，周囲の目がありなかなか来られなかったという参加者や，初めて自分が性的マイノリティであることを他人に言えたという方が何人もいた。家族に「交流会に参加する」と言えず，適当な理由を告げて来る方も少なくない。トランスジェンダーである，ゲイである，という明確な認識がある参加者がいる一方，よくわからないが違和感がある，という方も来る。また交流会以外で日常的に当事者と話したり，相談できる場を教えてほしいという質問も多い。
　このように性別は出生時の身体に基づいた男もしくは女のみ，恋愛の対象となるのは異性，それ以外は想定しない社会において，同調圧力の強い集団内で性的マイノリティであることを話すハードルは高く，また誰かに言いにくいからこそ当事者同士がつながることが困難となる。さらに，地方になれば当事者同士の交流会などの機会も少なく，地域の人々のつながりが強いために話が広まりやすいことから，当事者同士がつながりを持つことはますます難しくなる。

● **支援職としての対応**
　性的マイノリティが支援を求める障壁として，個人で抱え込みやすく，支援を求める行動自体が性的マイノリティであると周囲に知られるリスクを持つことを指摘したい。こうした困難を抱える中でどうすれば支援を求める声を引き出すことができるだろうか。
　1つ目は支援職自身が，外見や戸籍の性別のみで相談者の性別や振る舞いを想定したり，恋愛関係にある人がいると聞けば，異性であると決めつけないことである。そして，本人が性的マイノリティであると話した場合，否定したり根拠のないイメージを押し付けないことである。当事者であると相談者が話す前から，安心できる環境を作ることはコミュニケーションに係る負担を軽くし，性的マイノリティであることが理由で困難を抱えている場合に，本人がそのことを伝えるハードルを下げることができる。しかし，実際に実行することは難しい。なぜなら，ときに自分が持つ常識を批判的に見直す必要があるためだ。人によるが，今まで何十年と学び積み上げてきた常識を捨てることは難しく，日頃から意識し続けることが大切である。
　2つ目は間口を広げることである。支援を求めること自体がカミングアウトになる場合，心理的なハードルは非常に高くなる。性的マイノリティや性別に違和感を持つ人を，支援対象のひとつとして列挙する等，支援を求めることがカミングアウトにつながらないような工夫が必要だ。自分を性的マイノリティだと認めることは大変な負担がかかる場合があるため，秘密保持および相談者の負担を第一に考えることは必須である。
　本稿で説明できたことは支援職として知ってほしいことのほんの一部である。様々な文献や当事者との交流などを通して学び続けていただくことを切に願う。

第2部 実践現場からみた援助要請

司法

12 犯罪被害者の援助要請

米田弘枝

> **Introduction**
>
> 犯罪被害は警察等に認知されているものからいじめやハラスメントまで多様であり，どこまでを犯罪被害というのかについての明確な基準はない。犯罪被害者等基本法では，犯罪被害者とは，「犯罪等により害を被った者及びその家族又は遺族」とし，犯罪等とは，「犯罪及びこれに準ずる心身に有害な影響を及ぼす行為」をいう。犯罪によって被害者は心身両面に大きな被害を受け，PTSDやうつ病，恐怖症パニック障害，身体化障害など多くの精神障害がみられる。しかし，被害申告率は，性的暴行では14.8％（中島, 2006）で，犯罪があったことさえ認知されないこと（暗数；表に出ない数）が多く，医療機関や心理相談機関に相談を求めない被害者も多い。カウンセラーは，被害者の被害の実態や支援の方法に関する知識を持ち，傷ついた人をさらに傷つけることがないように，他の機関とも連携しながら支援を行う必要がある。本章では，性的被害を受けながら自らは援助を要請することができず，関係者によって支援につながった事例を通じて支援のポイントを学ぶ。

1 犯罪被害者の心の傷

　PTSDの有病率は，強姦が最も高く45.9％（女性）／65％（男性），次いで傷害や暴行が1.8％（男性）／21.3％～38.5％（女性），子どものころの身体的虐待が22.3％（男性）／48.5％（女性）などであり，自然災害における3.7％（男性）／5.4％（女性）に比べて高い（中島, 2008a）。**犯罪被害は，他人によってもたらされた理不尽な出来事であり，世界に対する安心感・安全感の喪失，自己認識の変化（自己非難，屈辱感，恥辱感，自信の喪失），他者認識の変化（不信，怒り，復讐心，依存）などの感情は被害者を**

圧倒し，コントロールできない感覚をもたらす。身体的不調や恐怖，経済的負担など，社会生活全般の機能低下が起こる（中島・金, 2006）。本章では特に，PTSDの発症率が高くなる強姦の被害者に対する支援について述べる。

　PTSD（Posttraumatic Stress Disorder；心的外傷後ストレス障害）とは，生死の危険をもたらすような強い衝撃によって驚愕し，(中略) 恐ろしい記憶イメージの記銘が増強し，その記憶イメージに対して恐怖条件づけが生じたものである（金, 2010）。症状は，第一に，被害体験がそのときの恐怖を伴って思い出されること（再体験・侵入症状・フラッシュバック），第二に，苦痛な記憶の，思考・感情の回避，第三に認知と気分の陰性の変化（「私が悪い」「誰も信用できない」「世界は危険」等），第四に覚醒度の変化（過度の警戒心や驚愕反応，睡眠障害など）である（APA, 2013）。

2 犯罪被害者の援助要請行動の実態

　内閣府（2018）の調査によると，相手の性別を問わず，無理やりに性交等された被害経験のある人は4.9％。このことを誰かに相談した人は39.0％，相談しなかった人は56.1％。相談しなかった理由は，「恥ずかしくてだれにも言えなかった（52.2％）」「自分さえがまんすれば，なんとかこのままやっていけると思った（28.3％）」「そのことについて思い出したくなかった（22.8％）」となっている。中島（2012）は，「近年の系統的レビューでは，犯罪被害者がメンタルヘルスサービスを求めることを妨げる要因として①恥，困惑，スティグマ，②サポートを受けた感覚が乏しいこと，③経済的な問題，④利用可能な資源についての情報や知識の乏しさなどがあげられている。逆に受診を促進する因子として，家族や友人からの十分なサポート，非専門家のサポートネットワークが挙げられた。支援の現場で適切な情報が提供されることによって，受診の促進が可能ではないか」と述べている。

3 支援の方法

(1) 安全と安心の確立

　ハーマン（Herman, 1992）は，トラウマの回復には，「安全の確立」「想起

と服喪追悼」「通常生活との再統合」の3段階があるという。第一段階の**安全と安心の確立**には，物理的な環境はもちろん，カウンセラーの態度や姿勢，応答も含まれている。さらに，症状を理解する心理教育によって自己コントロール感を取り戻すことができる。

心理教育とは，PTSDにおける一般的な症状や，考えられる治療手段，予後について，現在識者の間で概ねコンセンサスを得られている情報の提供である。中島（2008b）は，心理教育の目的は次の4つであるという。

①症状の理解——自分の症状を理解し対処できるようにする

②ノーマライゼーション——症状を「異常な事態に対する正常な反応」と位置づける

③機能不全思考の理解と対処——自責感，羞恥心，自信喪失，不信感などの感情がトラウマによって生じたものであることを理解し一定の心理的距離がとれるようにする

④症状回復への見通しを得る——時間とともに症状が軽快することを知る

(2) **エビデンスに基づく治療**

現在，エビデンスに基づくPTSDのガイドラインにおいて最も推奨されているのは，**トラウマに焦点を合わせた認知行動療法**である。最も安定して治療が有効とされている療法には，**Prolonged Exposure法**（持続エクスポージャー療法）がある。**EMDR**（Eye Movement Desensitization Reprocessing）も効果が実証されている。支持的カウンセリングでも性犯罪被害の正しい理解のもと，心理教育とともに行われれば回復に役立つ（小西, 2010；中島, 2012）。

通常の相談の中に過去の性被害が隠されていることは少なくない。カウンセラーの態度次第で打ち明けるかどうかを判断しながら面接を受けていることがある。カウンセラーが支援の知識を持っていることは安全感と信頼感の源である。

4 事例とポイントの解説

交際相手からの暴力被害学生

A（女性）は地方出身で大学進学と同時に東京で一人暮らしを始めた。B（男性）とはアルバイト先で知り合った。交際を始めて間もないころから、自分以外にも交際している女性が複数いるようだった。Bは自分の都合のいいときだけやってきて性的関係を強要する一方、Aが連絡しても返信がないことがたびたびあった。そして、不安に思い始めたころに連絡が来ると、ほっとしてBの一方的な要求を受け入れてしまうという状況が続いた。次第に、Bの不誠実な態度に疲れ、別れたいと思うようになったが、Bからは「別れるつもりはない」と言ったきり連絡が途絶えた。しばらくして、夜帰宅すると、家の前にBがいて、強引に部屋に入ってきた。激しい暴力を受け、殺されるかと思い、強い恐怖を感じた。親には、Bとの性的関係や暴力のことはとても言えない。友人にもこんな重い話はできない。家に帰るのは怖いが、引っ越すお金はない。ときどき先輩の家に泊めてもらうが、いつまでいられるかわからない。家にいるときは電気を消して不在を装っている。不登校が続いたことで、心配した担当教員が話を聞き、学生相談室を紹介した。

ポイント❶
安全と安心の場としてのカウンセリング

(1) 相談の前に

安心してカウンセリングにつながる工夫のひとつとして、つらい話を何度も繰り返さずにすむように、ゼミの担当教員が本人の了解を得て、話をカウンセラーに伝え、面接日時の候補を提示するなど、あらかじめ相談室と連絡を取っておくことが望ましい。「お話は先生からうかがっていますよ。大変でしたね」と相談をつなぐことができる。

(2) 被害者に伝えること（心理教育）

　まず，Bの行動がAに引き起こした強い恐怖心を理解し，精神的被害の症状について説明することである。Bは，Aの意思を無視し，恐怖心を与えて，自分の思うように支配しており，その行動は明らかに犯罪行為である。Aは暴力を受け入れてきた自分も悪かったと思っているが，どんな状況でも暴力は振るう側が悪いことを伝える。このような犯罪行為は自分だけで解決するのは難しく，援助を求めることが大切で，支援する体制があるという心理教育と情報提供を行うことが重要である。

　内閣府（2018）の調査では，「交際相手からの暴力を相談した人は55.9％，相談しなかった人は41.2％」で，相談しなかった理由は，「相談するほどのことではないと思ったから」が32.5％，「相談してもむだだと思ったから」，「自分さえ我慢すれば，何とかこのままやっていけると思った」，「自分にも悪いところがあると思った」がいずれも21.4％となっている。被害者にとって，相談するということは非常に難しいことを考慮すると同時に，こうした被害者の思い込みを和らげるような情報提供が重要であることを理解しておく必要がある。

(3) 肯定的メッセージを伝える

　本人が非常につらい中，相談につながったこと，彼の行動はおかしいと気づき，別れようと思ったこと，先輩の家に泊めてもらったり，在宅時に身を守る努力をしていたことは，本人の心の健康度を表している。つらい中でよく頑張ったことをねぎらい，肯定的メッセージとして伝えることが重要である。

ポイント❷
機関連携

　この事例では，交際中の相手が家の前で待ち伏せして暴力を振るっており，警察に被害届を出すべき行為である。恐怖の対象がいつやってくるかわからない状況について，ぜひ警察に相談し，対応に関する助言をもらうことを勧めたい。転居にはお金がかかるので，一時的に転居費用の貸与などの制度がないか，大学に問い合わせることも必要と思われるが，保護者と連絡を取らずにことを運ぶのは難しい。本人が「自分が招いたことなので，自分で解決したい」と考えることは評価できるが，犯罪行為に対しては一人で解決するのは難しいことをしっかり伝えたい。

危険にさらされている中では心の問題を扱うことは困難である。ストレス反応の症状が強く出ているなら精神科受診も勧める。必要に応じて連携先に同行するなど，面接室内にとどまらない支援を考えておく必要がある。

事例2　性被害が繰り返された事例

高校卒業後，就労3年目に，残業で先輩の男性社員と2人だけが残ってしまう状況で，突然，性被害にあった。必死で抵抗したが，自分の力ではどうにもできず，言いなりになるしかなかった。怒りと悔しさで一杯であったが，警察には届けなかった。会社にも言わなかった。加害者とは二度と顔を合わせたくなかったし，状況を誰かに説明すること自体，絶対に嫌で，事件のことは思い出したくなかった。会社は辞め，何とかその事実をなかったことにして，職場を変えて働いていたが，次第に気分が不安定になり，夜怖い夢にうなされたり，集中力がなくなり，簡単なことでミスをして叱られるようになった。男性を見ると襲ってくるのではないかと落ち着かず，電車やバスで多くのサラリーマンに囲まれると息ができなくなりそうで，途中下車してしまうことも増え，最終的に外出できなくなった。同時に突然怒りの感情に襲われ，無性に腹が立って大声を出したくなったり，自分を傷つけたくなったりする。

自分は子どもの頃，父親から身体的な暴力，性的暴力を受けてきた。学生時代にも同級生にイタズラされたことがある。なぜ自分だけいつもこんな目に合うのかと腹立たしく思うこともあるが，いつもこんなことになってしまうのは，自分に問題があるのかとも思えて，自信がなくなり，自分には普通に生きる価値はないのかもしれないと思うと消えてしまいたくなる。不安定な様子を姉が心配して，精神科を受診することになり，カウンセラーにつながった。

ポイント❸
傾聴と心理教育

カウンセラーは，どんなつらい話であっても，しっかり傾聴し，共感し，

支持する態度が必要である。打ち明けてくれたことに敬意を表し,「あなたが悪かったのではない,どんな状況であっても犯罪は犯す側が悪い」と伝え,つらい状況の中で必死に戦いぬいたことをねぎらい,尊敬の念を表明することが大切である。

この事例の場合,幼児期の虐待を含む性被害が繰り返されていることによって,特に自分の側に問題があったのではないか,生きていく価値が自分にあるのかという否定的な認知に陥っている。虐待環境では,守ってくれるはずの保護者からの攻撃であるので,子どもには対応困難であり,自分をどう守るのかよくわからない状況下で暴力が繰り返された可能性がある。性暴力は,決して「被害者の落ち度」ではなく,「弱そうに見えるものが狙われる,暴力による支配であること」(藤岡, 2006, p.26)を繰り返し伝えたい。

多くの被害者は,自分だけがこのような問題を経験し,自分だけが苦しんでいると思っている。被害後の心理状態や起きてくる症状についてきちんと情報が得られると,それだけで安定する被害者もいる。

ポイント❹ 二次被害の防止と支援者のメンタルヘルス

(1) 二次被害

二次被害とは,「どうしてそんな時間に出歩いていたの」「どうして逃げなかったの」など,被害者に責任を負わせるような言動や尊厳を傷つけるような言動をいう。支援者自身も,性的な話は聴きづらい。支援者のほうが圧倒され,話を聴くと相手を傷つけてしまうのではないかと遠慮したり,言いたくないことを聞き出すのではないかと思うことがある。支援者が過剰に意識することが結果的に被害者に二次被害を与えてしまうことになる可能性がある。支援者は,自分自身の価値観を見直しつつ,自分のなかに湧いた感情や影響を自覚し,安定した関わりを続けることで信頼感が芽生え,話せるようになる(吉田, 2012)ことに留意する必要がある。

(2) 支援者のメンタルヘルス

犯罪被害者の体験を共感的に聴き続け,その心境や状態を理解しようとすると,支援者側の価値観や安全な世界観も脅かされ変容していく。このことを二次的外傷性ストレス(STS: Secondary Traumatic Stress),代理トラウマ(Vicarious Traumatization),共感疲労(Compassion Fatigue）等という（山下，2012）。予防のためには，支援者側も常に自分の状態を確認する，情報を共有する，周囲の協力を得る，仕事のバランスを取る，自分の体調に気を配る，私生活を大切にするなどが必要だとされている。

5　全体の解説

　性被害を受けると，自己や他者，世界に対する信頼感を失い，相談すること自体が非常に難しくなる場合が少なくない。自分の心の状態を知られないように，「何でもない，大丈夫です」という態度で，信頼できるカウンセラーなのかどうかを推し量りながら，様子を見ている場合もある。一方，カウンセラーにとっても性的な話は聴きづらい。このため，すべての実践家にとって，日常での活動で見逃されやすい問題だと言える。「クライエントの語りの背景に被害が隠れているかもしれない」と意識しておくと，援助要請に対応できる可能性がある。

■引用文献
APA　2013　Diagnostic and statistical manual of mental disorders, 5 th edition. Author: Washington, DC. [日本精神神経学会監修，髙橋三郎・大野裕監訳　2014　DSM-5　精神疾患の診断・統計マニュアル．医学書院．]
藤岡淳子　2006　性暴力の理解と治療教育．誠信書房．
Herman, J.　1992　Trauma and recovery: The aftermath of violence from domestic abuse to political terror. Basic Books: New York. [中井久夫訳　1996　心的外傷と回復．みすず書房．]
金吉晴　2010　PTSD．日本心理臨床学会監修，日本心理臨床学会支援活動プロジェクト委員会編　危機への心理支援学．遠見書房，pp.29-30．
小西聖子　2010　性犯罪被害と支援のあり方2．日本心理臨床学会監修，日本心理臨床学会支援活動プロジェクト委員会編　危機への心理支援学．遠見書房，pp.95-96．
内閣府　2018　男女間における暴力に関する調査報告書．内閣府男女共同参画局．
中島聡美　2008a　精神医療現場での治療と対応．小西聖子編著　犯罪被害者のメンタルヘルス．誠信書房，pp.21-31．
中島聡美　2008b　犯罪被害者治療の実践的組み立てと連携．小西聖子編著　犯罪被害者のメンタルヘルス．誠信書房，pp.64-81．
中島聡美　2012　犯罪被害者に対する心理教育．前田正治・金吉晴編　PTSDの伝え方．誠信書房，pp.210-238．
中島聡美・金吉晴　2006　犯罪被害．外傷ストレス関連障害に関する研究会・金吉晴編　心的トラウマの理解とケア　第2版．じほう，pp.235-247．
山下由紀子　2012　援助職のメンタルヘルスとその支援．小西聖子編著　犯罪被害者のメンタルヘルス．誠信書房，pp.236-251．
吉田博美　2012　性暴力被害者のメンタルヘルスと治療．小西聖子編著　犯罪被害者のメンタルヘルス．誠信書房，pp.144-170．

第2部 実践現場からみた援助要請

司法

13 非行と援助要請

村尾泰弘

> **Introduction**
>
> 非行少年の援助要請の理解と対応には他の心理臨床にはない難しさがある。多くの非行少年は悩みを抱えているにもかかわらず，自発的に心理相談に来ないからである。彼らの心理的な支援や家族への介入には，警察や家庭裁判所の力を最大限に利用することがひとつの突破口となる。また，非行少年は他罰的で責任回避の姿勢が強い傾向がある。彼らに自分の悩みを悩みとして受けとめさせ，援助を自主的に求める姿勢へと導くためには，自己決定の姿勢を重視することが重要な鍵となる。本章では，2つの事例を通して，非行少年とその家族へのかかわり方を検討する。そして，最後に，非行少年の家族支援の基本事項を4つにまとめて整理してみたい。

1 非行少年の援助要請

非行少年の援助要請の心理は複雑である。一般的に非行少年は自分の非行問題で相談室のドアを叩こうとしないからである。では，彼らは悩みを抱えていないのか。そうではない。親に虐待された，教師に差別された等，様々な苦しみを背負い，苦しんでいる。しかし，彼らの悩みは，神経症者とは様相が異なる。神経症的な青少年たちはその悩みは自分を苦しめる方向で作用する。つまり，自らが苦しむわけだが，非行少年たちは周囲を困らせる方向で苦悩を展開するのである。

かつて，フリードランダーは「神経症の少年たちは（中略）超自我が非常に厳しく自己を攻撃して苦しむ（中略）これに反して（中略）非行に走る少年たちは，超自我の欠陥のため，攻撃が外に向かって周囲の人たちを苦しめ

る」と述べた(山根, 1974, p.15)。非行少年たちは、苦悩の表れ方が外へと向かう。悩みを抱えるよりも、悩みを行動でまぎらわせようとする。「悩みを抱えられない少年たち」(生島, 1999)ともいえる。しかし、非行少年も内面に苦悩を抱えていることを忘れてはならない。その苦悩に共感し理解していくことが、非行少年への支援の基本であることを強調しておきたい。

筆者は約17年にわたって家庭裁判所調査官として勤務した後、大学教員になったが、その後も教育委員会の出先機関である青少年相談室で長く心理臨床を続けていた。本章では、そのような経験を中心に非行少年たちの援助要請の特殊性と介入の仕方について述べてみたい。

2 事例とポイントの解説

自分から相談に来ない非行少年

教育委員会の出先機関である青少年相談室での事例である。非行レベルの軽い、いわば非行初期のケースである。それだけに、こうした事例について理解しておくことは、スクールカウンセリングの場面などでも役立つだろう。

相談室を訪れたのは母親である。母親は中学2年生の息子(A, 14歳)のことでやってきた。1カ月半ほど前に万引きで捕まったというのである。警察官からは家庭裁判所から呼び出しがあるだろうと言われたという。相談員(筆者)がAの生活状況を尋ねると、さすがに警察に捕まり、取り調べを受けたときには神妙な面持ちをしていたが、警察などでの取り調べも終わり、一段落つくと、徐々に元の生活に戻り始めた。「最近はまた夜遊びで帰りが遅くなってきた」というのである。「万引きで捕まったあと、私が厳しく注意し、そのときはさすがに生活を正そうとしていたが、徐々に元の木阿弥になった」という。相談員が「一度、本人と会ってみたいので、来週のこの時間に本人を連れてきてもらえないか」と求めると、母親は同意して帰っていった。

しかし，1週間後，母親は一人で現れた。「本人はどうしても来ない」というのである。このように，一般的に非行少年は相談室やカウンセラーのもとに自主的に現れないものである。そこをどうするかが最大の課題である。

　相談員はAの生活状況を細かく聞きながら，非行性はまだあまり進んでいないと理解した。そして，母親に「今はあまり干渉的になるのではなく，家庭裁判所（以下，家裁）から連絡があるまで見守ることにしましょう」と提案した。過干渉はかえってAの反発を呼び，行動が悪化すると考えたのである。「しかし，万引きで捕まってから，もう2カ月近く経っているんですよ。あの子は，もう呼び出しなんてないと思っていますが……」という母親に対して，相談員は「いや，警察官がそう言ったのであれば，かならず家裁から何らかの連絡があります。それを待ちましょう。お母さんは，もちろん生活上，必要な注意はしていただいて結構ですが，基本的には見守る姿勢でいきましょう」とアドバイスした。

　1週間後，母親は相談室を訪れ，調査官からの呼び出しが来たと述べた。相談員が「本人は不安がっていますか」と問うと，「不安がっている」とのことだった。

　「この呼び出しを最大限，活かしましょう。家裁への呼び出しは，2週間後ですね。では，この調査官の面接をどう乗り切るか。本人とよく相談してみてください。そして，『私が役に立つアドバイスをするから』といって本人を来週，ここに連れてきてください」（相談員）

　これが作戦なのである。Aは不安感から，自分のところを訪れると相談員は確信していた（ポイント1参照）。

　　　――その後の経過――

　1週間後，思ったとおりAは母親と一緒にやってきた。相談員の思惑は的中した。Aは，初めての家裁呼び出しに不安を隠せなかった。相談員は，この事件の動機や経緯を尋ねた。

　Aは，「この事件の日は，学校で話が盛り上がって，度胸試しに万引きをやろうって話になって……」と言った。相談員が「君は万

引きを言い出したほうなのかな。それとも，付き合いでやったほうなのかな」と聞くと，「付き合いでやった」と述べた。

「本当はそれほどやりたくなかったけど，やらないと，仲間外れにされそうで，それで付き合ったんだ」(A)，「この仲間は万引きをいつもやっている連中？」(相談員)，「そんなことはないと思う。ひとりだけ，よく万引きしてるのがいるけど，みんな，そいつとはちょっと離れたいって思ってる」(A)

この仲間グループは，一人を除いて，非行性はそれほど進んでいないようだ。この少年のように，度胸試しやグループの付き合いで万引きに手を出す者は案外多い。

相談員が「この事件で捕まった後，生活を改めたところはあるかな」と尋ねてみると，「午後7時までに家に帰るようにしていた」とAは答えた。すかさず母親が「でも，最近はまた11時ころに帰ってるじゃない」と横から口を挟むと，「それはそうだけど，かなり改めてた。B（万引きをしょっちゅうしている少年）の家は，親が夜働いていて家に誰もいないんだ。それで先輩も来るし，ついつい長くいてしまうんだ……」という。相談員が「調査官は生活がどうなっているか尋ねるよ。この事件を起こしたときとその後，両方を聞かれると思う。この事件の後，生活をどれくらい改めたかが大きなポイントになる。つまり，どれだけ反省できたかということだよ」とアドバイスし，「来週，ここに来ることができるかな。お父さんやお母さんと一緒に，調査官にどう答えるかよく相談してきてほしい。そして，その結果を教えてほしい」と言うと，Aは「わかった」と言って帰っていった。

このように，家裁から呼ばれているという不安をうまく利用して，カウンセリングの場に引き出すのだ。そして，面接に来るようになれば，この少年の内面にかかわることができるようになる。

Aは，家裁調査官の面接の結果，「審判不開始」という結果で終わった。すなわち，裁判官と会う手続き（審判）を開かずに終わりになったのだ。最も軽い決定である。このようにして家裁の事件は終結した。しかし，その後も，定期的にAは相談室を訪れるように

教育

医療

福祉

産業

司法

なった。相談員にいろいろと話を聞いてもらいたいという気持ちが強まったのだ。Aは過干渉な母親が嫌で「つっぱる」ようになったという。父親は仕事人間で家庭のことには背を向けがちである。母親はいつも父親のことを非難している。家の中は母親が過干渉になるばかりで、悪い展開をしている。Aは「家族に自分の思いを話したい」というので、相談員は、父・母・Aを集めたセッションを計画し、家族療法的なアプローチへとケースを進めていったのである。

ポイント❶
警察，家庭裁判所の力を最大限に利用する

少年事件では，14歳になると犯罪少年として扱われ，犯罪事件はすべて家庭裁判所に事件送致される。そうすると，原則として調査官からの呼び出しがある。呼び出しが届くと，本人はとても不安になる。この不安感を最大限に利用するのである。

ポイント❷
非行少年とのラポールを構築し，
心の根底にある援助要請を引き出し，それに応える

非行少年は，心の中には援助要請の気持ちがあるにもかかわらず，それを素直に表現することができない。そこで，まずは警察，家庭裁判所の力を最大限に利用して，面接場面に導入し，一度，面接に来所すれば，その不安感や本来の改善欲求に焦点をあて，それに応えながら心理臨床活動を展開するのである。

事例2　自己決定の原則を貫いた非行少年

次に取り上げるのは，筆者が家庭裁判所調査官（以下，家裁調査官）時代に対応した中学3年生男子Cの事例である。この少年は事例1の少年と比べると，非行性はかなり進んでいる。担任教師への傷害事件を起こし少年鑑別所に入ったのである。

約4週間の少年鑑別所生活の後，Cは試験観察決定を受けて自宅

に帰った。試験観察とは，簡単にいうと，終局決定をする審判を先に延ばして，しばらく家裁調査官がCの生活を見守り，必要な生活指導をするということである。生活がよくなれば審判で軽い処分となり，生活が悪くなれば，重い処分となる。結果は自分次第という意味合いを持つ。

　少年鑑別所から帰宅した後，当初，Cの生活は順調に滑り出したかに見えた。しかし，ちょうど3回目の面接のときに異変が起きた。Cが額に青々とした「剃り込み」（この事件当時，非行傾向のある少年たちは，額に剃り込みを入れることを好んでいた）を入れて現れ，家裁調査官（筆者）に「転校したい」と訴えたのである。理由を聞くと，自宅訪問にきた担任教師（本件の被害者）に対して，長兄が暴力を振るったのだという。その発端は，Cが長兄に，（自分の事件の被害者である）担任教師の陰湿さを訴えたことにある。それを聞いた長兄が立腹し，たまたま家庭訪問に来た担任教師との口論となり，暴力にまで発展したのである。Cと母親は「兄ちゃんまで担任教師に暴力を振るってしまった。バツが悪くて学校に行けない」(C)，「他県の中学へ転校させたい。転校を認めてほしい」（母親）と訴えた。

　このような場合，どうすべきであろうか。試験観察では，それぞれの事件ごとにいろいろと制約があるが，本件では他県の学校に転校しても，試験観察は続行できると考えることにしよう。

　家裁調査官にはCも母親もすでに転校することを決意していると思われた。しかし，Cの額には目にも鮮やかな「剃り込み」が入っている。そのような状態で転校すれば，転校先の学校で「不良」として扱われ，トラブルを起こす危険性が高まる。結果として家裁調査官は，肝心なことは少年自身に決定させる「自己決定の原則」を貫く方針をとることにした。すなわち，「転校するかしないかは，君(C)とお母さんが決めることだよ」と話しかけた。

　「自己決定の原則」を貫くことにした理由は，非行少年たちは何かうまくいかないことがあると，他人の判断を言い訳にすることが多いからである。非行少年たちは，こちらから「転校しろ」と言え

教育

医療

福祉

産業

司法

ば，転校先で不適応を起こして，少年院に送られることになると，こんなことになったのは，こちらが転校しろと言ったからだと家裁調査官のせいにする。逆に転校するなと言えば，現状でうまくいかなくなって不適応行動を起こせば，それは家裁調査官が転校するなと言ったからだとこちらを責める。いずれにせよ家裁調査官のせいにするのである。筆者はそのような苦い思いを再三経験してきた。したがって，非行カウンセリングの基本はあくまで自己決定の原則を貫き，それでうまくいけば励まし，うまくいかなければ，その責任を自分のものとして考えさせることが，結果的に非行少年自身が自ら問題を乗り越えていくことにつながる（村尾，2012, pp.21-27）。

家裁調査官（筆者）はCに「転校するかしないかは君とお母さんが考えることだ。ただし，その剃り込みのままでは，最初から不良として目をつけられることになる。だから，その剃り込みが生えそろうまで待って，その間にゆっくり考えたらどうだろうか」と話し，「剃り込み」というものを治療的に利用する方策をとった。

Cと母親は転校することに決めたようだった。一方，学校側もCのために転校に向けて特別カリキュラムを組んだ。まさに転校する方向で家庭も学校も動き始めたのである。

ところが，それほどうまくことは運ばなかった。突然，Cの「転校の気持ち」が揺らぎ始めたのである。その理由はのちに判明した。D子という女子生徒が好きになったというのだ。母親によれば，「Cは意外に奥手で，Cにとって恋愛は初めての経験だ」という。Cは転校するかどうかで気持ちが揺れ，そのために素行が乱れ始めた。そんな中で，学校側は「転校させたほうがCのためになるのではないか」「転校するように家裁調査官から指導してもらえないか」と何度も求めてきたが，家裁調査官は「転校するかどうかは本人と親が決めること。とにかく剃り込みが生えるまで待ちましょう」と繰り返した。愚直なまでにこの姿勢を一貫して取り続けたのだ。そんな流れの中，ついにCは「転校しない」ときっぱりと決意したのだった。

その後，生活が揺れる面はあったが，Cは生活を立て直し，無事

卒業していったのである。面接を終了するに当たって，家裁調査官が「一番つらかったのはいつだったか」と尋ねたところ，Cが「転校するかどうか迷っていたときが一番つらかった。でも，転校しなくてよかった」と述べたのが印象的であった。

ポイント❸ 「自己決定の原則」を貫くこと

　まずこのケースで筆者が留意したことは，転校問題に対する対応であった。つまり，Cと母親が転校を言い出したときに，「転校するかしないかは自分が決めること」（**自己決定**）と促しながら，「しかし，（その決定を）剃り込みが生えるまで待つように」との姿勢をとったのだ。髪の毛が伸びる速度は誰もコントロールできないところに意味があった。その時間を利用できたのが幸運であった。非行少年は他罰的である。自分の責任を回避し，他人の責任にすり替えてしまう。自己決定の原則を貫くことは，自分の問題を自分のものとして直面させることでもある。それは非行少年にとって非常につらいことである。だから，そのことが結果として主体的に援助を求めるという姿勢につながるのである。そうなって初めてカウンセリングが意味を持つものになるといえよう。

　非行少年の処遇については古くから**ダブルロール**という難しい問題が存在することが知られている（井上, 1980, pp.147-148）。簡単にいうと，非行少年の対応においては，少年の行動規制を課す役割と，少年の自由意志を尊重するという2つの役割（ダブルロール）が求められ，その相克に，非行臨床に携わるものはしばしば困惑させられるというものである。非行臨床の難しさは，このダブルロールの問題につきるともいえる。筆者はこれに関して，「行動規制を課すがゆえに，だからこそ，肝心なことは自分で決定させるという自己決定の原則を貫くことでバランスが保たれる」と考える。自己決定なくして責任感は生まれない。言い換えれば，真の援助要請につながらないということなのだ。

教育
医療
福祉
産業
司法

3 家族支援の基本

非行少年は一般的に自分のほうから援助を求めないが，家族を支援し，支えることが，結果的に非行少年の援助要請につながる。非行少年とその家族の支援のあり方をまとめてみたい。

(1) まず少年と家族との間に良好な人間関係をつくる

親子関係が悪くなって非行がよくなったという話はほとんど聞いたことがない。逆に，親子の関係がよくなって子どもが立ち直ったというケースはたくさん見てきた。つまり筆者の発想は，親子関係をよくすることを家族支援の基本的な姿勢にすえるのである。これは，非行少年が困ったときに，家族とともに問題を考えるという土台を構築するということでもある。非行少年の胸中にある援助要請を引き出しやすくするわけである。

(2) ポジティブ・リフレーミングを効果的に使用する

では，実際にどのようにして親子関係を改善するのかというと，ポジティブ・リフレーミングの効果的な使用ということになる。これはものごとを肯定的に解釈して返す技法のことである。親に子どもの良好な行動を記述させて，その行動をほめるように指示する。また，親子で悪循環を起こしている行動の連鎖があれば，その悪循環に陥らないようにするにはどうするかを徹底的に話し合う。そして，次回の面接までに，どのような対応が好ましいか，うまくいった対応をメモしてきてもらう。また家族内で生じた変化をメモしてきてもらう。そして，次回面接時には，家庭内に生じた変化をポジティブ・リフレーミングで返すのである。子どもだけでなく，親のとった行動もポジティブ・リフレーミングで返す。このようにして，親と子どもの間，親とセラピストの間，双方に好循環を作り出していくのである。この好循環が非行少年の主体的な援助要請につながる。

(3) 社会的な相互作用を利用する

不登校などの非社会的な問題を抱える少年と非行少年の決定的な違いは，非行少年は社会との相互作用を大きく受けるということである。非行少年の場合は警察に捕まったり，家庭裁判所から呼ばれたりといった社会的な相互作用が生じる。非行臨床では，この相互作用を最大限に利用することがカウンセラーの重要な仕事となる。家庭裁判所に呼ばれることは少年にとって非

常に大きな不安となる。このとき，親子で，家庭裁判所でどのように対応したらよいかを話し合うのである。また，これを好機として，少年をカウンセリングの場に引き出すことが可能になる。

(4) **自己決定の原則を貫く** ── 他罰的姿勢への対応

　これもすでに詳述したが，非行少年はうまくいかないときに他人の判断を言い訳にしがちである。他罰的姿勢に終始することが多い。だからこそ，カウンセラーは家族と協働して，少年の自己決定を重んじる家族システムを作っていく。このことができるかどうかが，支援のポイントになるのである。

■引用文献
生島浩　1999　悩みを抱えられない少年たち．日本評論社．
井上公大　1980　非行臨床．創元社．
村尾泰弘　2012　非行臨床の理論と実践 ── 被害者意識のパラドックス．金子書房．
山根清道　1974　犯罪心理学．新曜社．

教育

医療

福祉

産業

司法

COLUMN 5　　教員の声・支援者の声

小学校の学級担任が抱える援助要請の困難

四辻伸吾（大阪教育大学附属平野小学校副校長）

　日本の小学校では，学級担任が学級に対する職務のほぼすべてを一人で担うというシステムとなっている。30〜40人の児童の学習状況や生活課題などを把握するとともに，集団として円滑に学校生活ができるよう，学級担任として様々な角度からアプローチすることが求められている。このような状態の中，不登校，いじめ，学級崩壊の問題やその他，児童一人ひとりにとっての深刻な課題が生じたときに，担任一人がそれを抱え込み，解決に向けて試行錯誤を続けるという姿が見られる。これらの現状は教員が援助要請をしにくい状況につながっているといえる。また，学級の様子について外から状況を把握しにくいこともあり，若手教員などは自分の技量の未熟さを周囲に知られまいとして，抱える課題に対する援助を求めない傾向が強いと考えられる。

　このような場合，個人で対応するのではなく，「チーム会議」を定期的および必要に応じて開催するなど，チームとして課題解決に向けて議論を深めることが重要である。しかし，チームといっても，管理職，学年主任，養護教諭等，学校教員だけで議論を深めた場合，トラブル回避等の対症療法的なアプローチとなってしまったり，児童の内面にはせまろうとするものの教員の主観的な側面からのアプローチになってしまったりする可能性がある。また，「チーム会議」の中でトラブルの原因が担任の指導の仕方にあるのではないかという論調になると，結果的に当該教員の心理的負荷が大きくなり，課題の解決どころか，教員のバーンアウトなど二次的な課題へとつながっていく可能性もある。

　このようなときに，スクールカウンセラー（以下，SC）が心理学的側面からトラブルの状況を把握し，児童の内面にせまるアプローチを提案することは非常に有意義なものである。例えば，「○年○組はざわざわして騒がしいクラスである」と闇雲に否定的に捉えている雰囲気がある場合には，「『騒がしい』という状態が必ずしもネガティブな側面とはいえず，子どもたちの表情や会話の様子から『楽しい』という側面につながっている可能性もある」などということをSCが示すことによって，アプローチの新しい視点を生み出すことができる。また，「チーム会議」の話題となっている事案への直接的なアプローチだけではなく，トラブルを抱える当該学級担任の心理的負荷等を把握し，チームで支えていく必要性を他の教員に伝えていくことも，SCが持つ心理学的知見を生かすことができる場であると考える。

一方，児童一人ひとりの心の問題にまでせまっていく役割については教員側も当然担っているものであり，これらは，SCの職務と重複する部分である。先述のとおり，教員は学級集団に対する責任を負うところが非常に多いため，一人ひとりの子どもの理解や状況把握についても，「このクラスの児童のことは自分が一番よくわかっている」という意識を持っていることが多い。このような状況の中で，SCが学級担任にアドバイスをしたとき，学級担任としてそれらのアドバイスを受け入れるのが困難になる可能性があると考えられる。「毎日，一緒に過ごしているのは自分なのに，たまにしか子どもに関わらないSCに何がわかるのか」というように，教員としてのプライドが「チーム援助」に歯止めをかけてしまうことになる。これらを防ぐためには，やはりそれぞれの立場や役割を明確にすること，同時に自分とは違う立場を尊重できる雰囲気づくりが大事であろう。SCは毎日当該児童に寄り添っている教員とは違って，限られた時間でのかかわりとなるが，課題解決に向けて教員にアドバイスをするときには，「心の問題」の専門家として客観的で心理学的知見に基づく新たな見方をすることができるなど，教員とSCのそれぞれが共通理解することが必要である。またトラブルがあったときにだけSCと教員が連携するのではなく，普段から児童について情報交換をしたり，SCのほうから積極的に教員に対して声掛けをしたりして，お互いの信頼関係を結ぶことが必要であろう。このような信頼関係が，教員の援助要請をより容易なものにしていくであろう。

　また，「SCにしかできないこと」と「教員にしかできないこと」が何かということを共通理解することも重要である。例えば，SCが教員に対してアドバイスをしなければならないときに，「児童への対応で疲弊している先生」に対してフォローをし，教員の心にゆとりを持たせることが，結果的に児童のトラブルの改善につながるのであれば，このようなサポートはまさにSCだからこそできるものであると言えよう。また教員は「集団に対するアプローチのプロ」であり，SCは「個人に対するアプローチのプロ」であるなど，それぞれの役割分担を共通理解し，互いの立場や専門性を尊重することで，意欲的に職務に向かうことができるであろう。いずれにしても，SCと教員が強い信頼関係を結ぶことが，子どもたちが抱える課題の解決へとつながっていくであろう。

第3部 心理療法からみた援助要請

14 精神分析からみた援助要請

田中健夫

　助けを求める力を育てるという発想は臨床に根ざした実際的なものであり，現代社会における心のありようを映し出す。そして，さまざまな立場（流派）の心理的援助の考え方を浮き彫りにする。ここでは，心理面接における援助要請が困難になる局面について**精神分析**の視点から考えていきたい。

1 援助要請を考える手がかりとなる精神分析の概念

　クライエント側から見てみよう。来談前であれば，困難を自覚し，援助を求めて相談機関にアクセスをする段階でのハードル，来談へのためらいがあるだろう。私が抱えている困難は，心理的な援助を求める性質のものなのか？　心理面接ではどのようなことがなされるのか？　これらは，正確で適切な情報が届いていない問題でもある。そして，来談前からすでに抱いている相談機関やセラピストに投影されたイメージは，来談行動や面接初期の展開に影響を与える。

　来談後には，面接（関係）をうまく使うことができないという問題があり，それは抵抗，陰性転移，破局的変化の怖れ，陰性治療反応などの概念によって検討されてきた。本章ではこうした問題に焦点を当てていこう。

　ところで，心理面接のプロセスで起こってくる現象は適切に名づけられているだろうか。目に見えないクライエントの内的世界や関係性をとりあげるたくさんの概念があるが，そこには探索をうながす概念化と探索を妨げる概念化がある。前者は，よく掴めない現象を解読するのに役立つ"適切な補助線"に喩えられよう。いまここで起きている"わけのわからないこと"を好

奇心をもって考え続けることを支え，複眼視と心の余裕をつくりだし，thinking thoughtを紡ぐもの（北山，2007）である。後者は，わかった気になって探索を止めてしまうことにつながる。クライエントひとりの問題に帰して，有益な交流がなされなくなるという点で，ときにそれは有害である。たとえば，"抵抗"と概念化することが，これはクライエントの問題だという静的(スタティック)なラベリングにすぎないのなら，臨床的にはほとんど役に立たない。

　もうひとつ付け加えると，精神分析には難しい概念が多いという印象があるかもしれない。たしかに思弁的な印象を与えたり，同じ用語でも使用法のニュアンスの違うやっかいなものもある。しかしすべての概念は，臨床実践の行き詰まりの経験を通して生成された，つまり臨床現象が先にあり，それをとらえようとする試みによってつくられてきたものである。そう考えると，目の前で起きている臨床の現実についての時期尚早の概念化は，探索を妨げる可能性が高い。早々と結論に飛びついてしまわないで不確かさにとどまる能力――"負の受容力（negative capability）"（詩人キーツの言葉を援用して，ビオンが強調した）が求められよう。

2 精神分析の発想

　精神分析では，意識的にはコントロールできない心の**無意識**のはたらきを重視する。ギャバード（Gabbard, 2010）は，精神分析的臨床の特徴として，心的決定論，患者独自の主体性，転移／逆転移，抵抗を挙げている。私たちが生きていくうえで行うことは，心の諸部分の力動的相互関係における無意識の力によって決定されるという発想が中核にある。そもそも，私たちは本当には自分のことを知らない。つまり精神内界にある不安や葛藤，そこから目を逸らすやり方（心的防衛）を，心理面接をしている双方がともにまだ知らないのである。精神分析的臨床では，クライエントに固有な心の真実を，言葉から離れずに，セラピストとの情緒的なやりとりを通して探索していく。

　精神分析的な心理面接の目的は，苦痛の除去ではなく，「現実を直視して苦痛にもちこたえる力を高めること」（松木, 2016）にあると言える。行動で解消したり，快や興奮の導入によって紛らわせたりするのではなく，痛みを痛みとしてもちこたえ，しっかり体験をすることを通して「主体的に生きる

経験」(同書, p.67) をつくりあげる。楽になりたい，苦痛を取り除きたいという動機との間にはかなりの開きがあるだろう。自己理解が深まって結果として楽になるというかたちでの有効性はあるのだが，来談にあたって，意識の表層にはただちにあらわれてこない**無意識的**な動機やニーズを見つめていく精神分析的な心理面接について，ある程度の理解は求められる。

　それでは，援助要請の課題を精神分析ではどのように考えて扱うかについて述べていこう。

3 来談前の無意識的空想の投影の影響

　クライエントは，来談する前から援助機関やそこで出会うセラピストへの期待や恐れを抱く。ザルツバーガー・ウィッテンバーグ (Salzberger-Wittenberg, 1970) は，クライエントが面接関係に当初から持ち込む感情を次のように整理している。希望的なものとして，「自分の苦痛を取り除いてくれる」「重荷を背負うことを助てくれる」「愛されたい」という期待，否定的なものとして「責められる」「罰せられる」「見捨てられるのではないか」という恐れ，である。どれも心理面接についての十分な情報がないところでの過剰または偏りのある感情で，乳幼児的な**無意識的空想**にルーツがある。つまりこうした過剰さや偏りは，現実の体験を反映しているというよりは，誰かに頼るという行動によって喚起される養育者との原体験の表象が，いまここに持ち込まれたものと考えられる。こうした（すぐには自覚しにくいところにある）感情が，来談をためらわせたり，苦痛をすべて取り除いてくれるという万能的な期待を高めたり，良い関わりを台無しにする破壊的行動を引き起こしたりする。

　先に挙げた感情はクライエントの心的現実の**投影**であり，尊重しながらも，その理解をゆっくりと共有していくことが大事である。外的なできごとを意味づけるときに参照されるのは，過去の，とくに乳幼児期の重要な他者との関係性によって形成された無意識的空想である。北山 (2007) はこのことを，幼い頃，心の柔らかいうちに書き込まれた「心の台本」を，その後も無意識に相手役を変えながら繰り返すと述べている。心の内にある現実が，外的現実の認知のしかた，そして援助要請行動にも影響を及ぼす。面接の初

期において,不安や期待の背景にある無意識的空想を積極的に取りあげることが,援助要請のなかみを現実的で適切なものへと調整することにつながる。

4 抵抗は起こるものである

　心理面接の進展を妨げるクライエントの行動(ここでは言葉や態度を含む)を総称して"**抵抗**"と言う。意識的にはよくなりたい,改善したいと思いながらも,来談したくないと感じたり,遅刻したり,変化をはばむ何かが奥のほうで動いてしまう。ほとんどそれは無意識的なものであり,援助要請が実質的にうまくできていない状態と言うこともできよう。沈黙,連想が進まない,心のテーマとは無関係にみえる表面的な話ばかりする,セラピストの言葉を心に入れない,忘れてしまう,面接のキャンセル,面接室内外での破壊的行動化にいたるまで,そのヴァリエーションは広い。

　フロイトも,初期のヒステリー患者の治療から抵抗という現象に取り組んでおり,1926年には5つの型に区別した(Freud, 1926)。不快で苦痛な心的内容が意識に近づくことの抑圧抵抗,病気になることで世話や同情をされたりする利得を手放すことの疾病利得抵抗,破壊的な衝動が源泉となるエス抵抗,罪悪感に直面させられることへの超自我抵抗,そして(後述する)転移抵抗である。抵抗は,心を守るために組織化された結果としての防衛であり,それをいたずらに暴いたり壊したりせず尊重することが大切である。馬場(2016)はこのように述べている。「長年かかって一生懸命防壁をつくって,症状まで出して苦しい思いをしながらでも見ないようにしてきた自分。これが簡単に見られるようだったら,それは健康な人です。『自分の中には,こんなに嫌な気持ちがあるんだ。グロテスクだなあ』とか言って笑ってるぐらいの人だったら,病気にならないわけでして。そういう人に,見させようとするわけなので『気づくまい』という抵抗が起こって当然なのです。ですからどんなに上手くセラピーをしていても,『気づきたい』と意識レベルでは思っている人でも抵抗は起こります」(p.82)。抵抗を突破口に理解は広がり,心理療法の過程は次々に出てくる抵抗と関わり続けることだとも指摘する。いま面接関係に立ち現われているのはどのような抵抗かという分析は,クライエント理解の手がかりをもたらす。日本語臨床では,恥抵抗の探索が

提案されていたりもする（北山, 2007）。

なお，自我心理学派に比べて**対象関係論**に拠って立つセラピストは，抵抗という概念を臨床的にはほとんど用いない。個人内で抵抗が起こっているというよりは，心理面接における関係性の文脈のもとで転移として扱っていく。これを別の例，**退行**で考えてみるとわかりやすいだろう。もちろん，ひとりでも退行はする（温泉でのんびりして，日常の活動レベルが緩むときなど）。しかし例えば，幼児期にある兄や姉が下にきょうだいができて退行（子ども返り）するのは，親の心に自分の占める居場所が小さくなる不安からという対人関係の文脈のもとである。同じように，臨床の現象は私（セラピスト）との関係性において起きてくる。クライエントの自己のある部分が，面接のこの局面において浮上し前景化している。例えば，親に抱えられなかった乳幼児期の依存的な自己の部分が転移的にセラピストに関わっており，その時期のテーマを表現しているという理解のしかたである。成人として考える責任を放棄し退行しているという概念化は，関与の可能性の限定につながりかねない。転移として現れた自己（およびそれに対応する対象表象）の性質を見立てていくことが強調される。

5 転移（抵抗）の扱いの実際

特に重要な**転移抵抗**の扱いについて触れておこう。クライエントは，自分のことをセラピストがどう見ているかについて空想し，それによって不安が喚起されて話せなくなったり，迎合的にふるまったりする。これはクライエントの内的世界の"自己−対象"表象群のなかでいま優勢などれかのセラピストへの投影であり，これを関係性の文脈でとらえると転移（抵抗）である。言葉を換えると，他の場所（there）や過去（then）におけるクライエントの対象関係のひな型：「心の台本」が，いまここ（here and now）に持ち込まれ，自己のある側面が生き生きと再現されて面接関係に影響を及ぼしているのである。

実践的には，クライエントはネガティヴな「心の台本」に苦しんでいるわけなので，**陰性転移**をキャッチして取り扱うことが肝要である。恨みや欲求不満，あるいは性愛的なものが，ときに性急に，ときに密やかにセラピスト

に向けられる。こうした陰性転移は，双方を不快にし居心地悪くするものであるゆえに，無いことにしたいとする圧力も同時に向けられる。例えば，他者は何かをその人の事情のもと突然に押しつけてきて，私の気持ちはないがしろにされるという訴えをするクライエントがいたとする。家族や職場において，自分の気持ちが大事にされない経験があったと語っている。このとき，セラピストだけは例外的にそのようなことはしないと体験されている……だろうか？　転移の文脈のもと，面接関係においても不安が高まっていると考えるほうが自然であろう。ところが，このことを実際にクライエントと共有するのには生々しさがあり，勇気がいる。陰性の転移が動いている可能性を伝え，たとえそれが言葉で否定されたとしてもその後の話題が展開し深まりをみせるならば，こうした介入には意味があったと判断できる。これとは逆に，「良い関係」を壊したくないという双方のニードから，否認やごまかし，保証（安心づけ）を私たちはしてしまいがちである。起きていることにとどまり，観察し，陰性転移の性質を叙述し（describe），明確化して心に留め（pin down），考えていくという心の作業に徹することが求められる。なお現代の精神分析は，転移抵抗の分析のみではなく，クライエントの内的世界の投影同一化によるセラピストの**逆転移**を手がかりに理解を進めていくことを強調するようになっている。

6 依存の苦痛と，変化することの怖さ

ところで，心理面接（心理療法）を受けることへの拒絶感は根強い。ここでは個人内の過程に焦点づけて，まずは心理専門職その人が**個人分析（パーソナル・セラピー）**を受けることへの抵抗感を考えてみよう。心理面接が役に立つことをみずから実感せずに，いかにセラピーをすることができるのだろうか。精神分析的臨床の基本が，クライエントから受けとって感じたことを自己観察し，それを使って関与していくことにあるなら，そしてセラピスト自身の未解決な問題が引き起こす逆転移とクライエントに由来する逆転移（この後者がクライエント理解の糸口となる）を識別するためにも，個人分析が大切である。しかし，自分には必要ない，問題や病気はないから，あるいは経済的な理由から個人分析が遠ざけられることは往々にしてある。

ここにある抵抗感の源泉として，2つのことが考えられる。ひとつは，成人が他者に依存することの苦痛である。成人のクライエントがセラピストに頼るという体験には，安心感という肯定的な気持ちのみならず，抱えられること（そしてそのときのズレ）が喚起する不全感や欲求不満，希求や羨望，自身で完結できずに相手次第となる無力さが喚起されるということも含み込まれている。これらは乳幼児的な自己にルーツをもつ情緒であるが，成人の自己の部分にとっては苦痛として感じられうるものである。

　もうひとつの源泉は，心的平衡を保ちたいというニードである。これは，苦痛を解消したい，変化・成長したいという意識的な動機と同じくらいに大きい。心はいつも葛藤しながらもバランスを保っており，それを崩して心が再組織化されるときには破局のような恐怖が体験される（Bion, 1970 ;「破局的変化」）。自己の内にこれまで築いてきた頼るものを失うことは，心の激震と寄る辺なさを引き起こすものとして，ときに全力で避けられよう。変化することの怖さを理解することとそれへの対応は，心理療法における重要な実践的課題である。精神分析的臨床では，面接関係を維持しながらも密やかになされる援助の拒否（取り入れをしないこと），関係性がもたらす良い体験をひねる倒錯として，このことは吟味されてきた。あるいは陰性治療反応として，好ましい心理面接過程が進展しているようにみえるときに状態の悪化や危険な行動化・面接中断の危機が起こることに着目してきた。これらは一見すると理にかなわないことのようだが，クライン派では，良いものを破壊しようとする羨望（envy）の作用と，新たな心の編成を阻むパーソナリティの病理的（または自己愛的）組織化という概念で探究されている。面接関係を台無しにする，「経験から学ぶこと」ができない心のあり方と言えよう。クライエントのこうした面接への関わり方そのものを，セラピストは粘り強く叙述し，解釈として伝え話し合っていく。

7 「治療0期」におこなう仕事への着目

　以上のような考えのもと精神分析的な心理面接の導入においては，アセスメント面接を通して転移解釈を経験してもらう（セラピスト側からみると，それへの反応をふまえて精神分析的アプローチの有効性を見立てる）ことが

強調される。「何を期待すべきかを彼が——そして彼の無意識が——体験して初めて本当の動機づけが明らかになるだろう」とマラン（Malan, 1979）が述べるように，精神分析は経験主義的な発想に貫かれている。

岩倉（2014）は，心理面接に導入する前の時期を「治療０期」と名づけ，排出されているわからないできごとを考えられるように援助し，問題と出会うよう「治水」するという仕事の意義を述べている。これは事例のマネジメントとして語られてきたものである。こうした準備期間を経て，内に抱えるかたちで神経症的に悩むことができるようになり，やっと心理療法が可能になるのが現代の傾向なのかもしれない。この一連の過程において，ビオンが強調した"コンテインメント（containment）"という考え方はますます重要になってきている。

行き詰まりをそれとしてしっかり経験できることはひとつの能力であり，関係性を通して育まれるものかもしれない。思春期や青年期は，自立の指向とあいまって援助要請には特有の課題がある。こうした点についてさらに学びたい場合は，アンダーソンとダーティントン（Anderson & Dartington, 1998）の論考を読むことをお勧めする。

■引用文献

Anderson, R. & Dartington, A. (eds.) 1998 *Facing it out: Clinical perspectives on adolescent disturbance*. Duckworth: London.［鈴木龍監訳，李振雨・田中理香訳 2000 思春期を生き抜く——思春期危機の臨床実践．岩崎学術出版社．］
馬場禮子 2016 改訂 精神分析的人格理論の基礎——心理療法を始める前に．岩崎学術出版社．
Bion, W. R. 1970 *Attention and interpretation*. Tavistock Publications Limited: London.［福本修・平井正三訳 2002 精神分析の方法Ⅱ（注意と解釈）．法政大学出版局．］
Freud, S. 1926 *Inhibitions, symptoms and anxiety*. Hogarth Press: London.［井村恒郎・小此木啓吾他訳 1970 フロイト著作集6（制止・症状・不安）．人文書院．］
Gabbard, G, O. 2010 *Long-term psychodynamic psychotherapy: A basic text, second edition*. American Psychiatric Publishing: Arlington.［狩野力八郎監訳，池田暁史訳 2012 精神力動的精神療法．岩崎学術出版社．］
岩倉拓 2014 心理臨床における精神分析的実践——治療０期の「耕し」と「治水」．藤山直樹・中村留貴子監修 事例で学ぶアセスメントとマネジメント——心を考える臨床実践．岩崎学術出版社．
北山修 2007 劇的な精神分析入門．みすず書房．
Malan, D. H. 1979 *Individual psychotherapy and the science of psychodynamics*. Butterworths: Oxford.［鈴木龍訳 1992 心理療法の臨床と科学．誠信書房．］
松木邦裕 2016 こころに出会う——臨床精神分析 その学びと学び方．創元社．
Salzberger-Wittenberg, I. 1970 *Psychoanalytic insight and relationships: A Kleinian approach*. MW Books: Galway.［平井正三監訳，武藤誠訳 2007 臨床現場に生かすクライン派精神分析——精神分析における洞察と関係性．岩崎学術出版社．］

15 人間性心理学からみた援助要請

金子周平

1 人間の全体性を重視する立場

　人間性心理学は，マズロー（Maslow, A. H.）らを中心に1960年代のアメリカで確立された立場である。その理論の基盤には，瞬間瞬間を体験している唯一無比の存在として人間を捉える現象学や実存主義がある。人間のあり方は一般論や形式で捉えられないと考える哲学である。その哲学が，メイの実存的心理療法，ロジャーズのクライエント中心療法，パールズのゲシュタルト療法，ジェンドリンのフォーカシングなど，人間性心理学を代表する心理療法の共通のルーツとなっている。どの心理療法においても，クライエントにとっての意味や体験が中心に据えられ，セラピストがクライエントの人生の意味を規定したり，内界や外界についての体験を解釈したり，変えようとしたりすることは決してない。

　援助要請にまつわる諸問題と特に関係するこの立場の理論として最初に取り上げたいのは，**全体論**（Holism）である。全体論は，ゲシュタルト心理学者であり脳損傷患者の研究で有名なゴールドシュタイン（Goldstein, 1934/1957）に端を発している。ゴールドシュタインが多くの患者の観察から導き出したのは，「生体の一部に変化が起れば，他の種々なる場所にも変化が起る」（同書, p.105）ということである。生体が一部の機能を失ったとき，例えば身体の一部やその運動機能を失ったとき，その影響は即座にそれ以外の部分に及ぶ。例えば，右足の運動に何らかの障害が生じた場合，左足の使い方が即座に変わり，腰の可動域，上体の姿勢，腕のバランスの取り方，顎の筋肉のこわばり方まで変わるという具合である。このようにして生体が何かの喪失とほぼ同時に新しい在り方を獲得することを，ゴールドシュタイン

は全体性と自己実現という2つのキーワード用いて表現した。この考え方を受け継いだ一人が、人間性心理学をひとつの立場としてまとめたマズローであった。

　人間性心理学の立場ではクライエントが言語や行動で援助要請を表現したとしても、それはあくまでも全体としての人間の中の一部に過ぎないと考える。言語によって援助要請がうまく表現できない場合も、それと同時に起こっている、もしくはその前後の瞬間瞬間に起こっているクライエントのあらゆる側面を含む全体によって何らかの援助要請は実現されている可能性があると考えるのである。

2　援助要請の困難さの人間性心理学的理解

　援助要請が難しい場合を具体的に考えてみよう。例えば、不登校の中学校2年生男子Aが母親に連れられて相談機関にきたとしよう。あなたはAの担当のセラピストであり、インテーカー（初回面接担当者）と共に面接の場にいる。Aは受付時、母親の後ろに隠れるようにしていて姿を見せなかった。待合室に入ったAはあなたと目を合わせることなく、漫画に目を落としていた。面接室に入り、インテーカーが母親から話を聞いている間も、Aはうつむいていた。しかし母親が「どうしたら学校に行けるようになるのかがわからなくて」と言ったときには、さらに顔を下げた。次にインテーカーがAに「A君は、今なにか困っていることや気になっていることがあるかな？」と尋ねると、少しの沈黙の後、一瞬インテーカーとあなたの顔を見てすぐ視線を下に戻し、「ないです」とだけ答えた。あなたとAが別室に移った後、あなたは改めて自己紹介をし、「さっきはお母さんがお話ししているのを聞いていたかな」と尋ねた。Aは微かに首を縦に動かした。「お母さんはお母さんで心配していることがあるみたいだったね。A君は何か困っていることで、今言えそうなことがあるかな」と再び尋ねてみた。Aは目をキョロキョロと左右に動かし、息を止めるように口を強く閉じて黙った。

　例えばこのような例があるとする。ここまででAの援助要請をどのように捉えられるだろうか。言語表現に頼るならば、Aから発されたのは「ないです」という言葉のみである。行動面でも明確な援助要請がなされたとは言

い難い。しかしAは瞬間瞬間に反応し，表現をしている。筆者はAのニーズを次のように想像する。「(セラピストたちが) どんな人なのかわからないし，安心できない」，「お母さんが僕に学校に行ってほしいと思っていることに対して，苦しい気持ちになっている。申し訳ないとか，どうしたらよいのかわからない混乱とか」，「話したらどうなるのかわからない。何か大変なことになると嫌だし怖い」。少し大げさに書いてみたが，とりあえずあなたの頭の片隅にも，これと似たようなことが多少なりとも浮かぶだろう。これらのニーズをさらに抽象化してみるならば，不安，混乱，(何らかの) つらい感情といえよう。Aは，言葉ではほとんど表現していないが，彼がしうる方法でニーズを表現しているのである。人間性心理学の立場では，言葉で表現された援助要請と同等かそれ以上に**非言語的な援助要請**を重視する。つまりこの場合，「Aは援助要請が困難である」と考える代わりに，「Aの援助要請を直接的な言語表現や行動から捉えることは困難だが，Aが瞬間瞬間に全体で表現しているものを捉えることは困難とはいえない」と考えるのである。

3 援助要請に関する人間性心理学の理論

(1) ニーズに関する理論

図15-1に示す**マズローの欲求段階**（hierarchy of needs）は，単なる

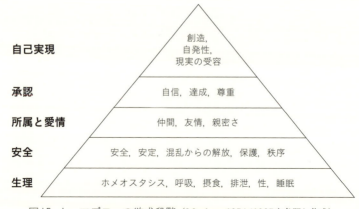

図15-1　マズローの欲求段階（Maslow, 1954/1987を参照し作成）

人間の欲求の大分類ではない。「意識された願望を分析してみると，その背後にはいわばさらにその個人にとって基本的な目的が存在することが分かる」(Maslow, 1954/1987, p.35) と説明されるように，人間の根源的なニーズを表したものなのである。つまりどのような援助要請であれ，その背景にはマズローの示した基本的ニーズがあると考えることができる。

　先に述べた不登校の中学2年生男子が抱いていると想定される不安，混乱を基本的ニーズで表すならば，安全のニーズである。ここには「安全，安定，依存，保護，恐怖・不安・混乱からの自由，構造・秩序・法・制限を求める欲求，保護の強固さなど」(同書, p.61) が含まれる。さらにいえば，母親の「どうしたら学校に行けるようになるのか」という言葉を聞いたときにAに生じたと考えられるつらい感情は，所属と愛情のニーズであろう。Aの体験は，マズローの言葉を借りると「孤独，追放，拒否，寄る辺のないこと，根無し草であることなどの痛恨」(同書, p.68) である。面接室にいるAは，まず安心したいし，次には拒絶されずに母親から受け入れてほしいというニーズを非言語的な援助要請として表現しているのである。

(2) 自己に関する理論

　ロジャーズ (Rogers, 1951/2005) による有名な自己に関するモデル (図15-2) は，自己構造と体験の2つの概念によって構成されているものである。前者は形式化・概念化された自己認知や価値観などであり，後者は未分化な身体的感覚も含む個人の体験全てである。

　言語的に行われる援助要請は，例えば「人からの批判に弱い自分を変えた

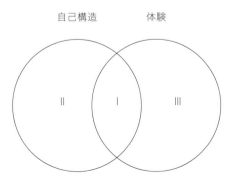

図15-2　自己のモデル (Rogers, 1951/2005の図を一部省略)

表15-1 治療的なパーソナリティ変容の必要十分条件

条件	いわゆる中核三条件
1 2人の人が心理的な接触をもっていること。	
2 第1の人（クライエントと呼ぶことにする）は，不一致の状態にあり，傷つきやすく，不安な状態にあること。	
3 第2の人（セラピストと呼ぶことにする）は，その関係のなかで一致しており，統合していること。	自己一致
4 セラピストは，クライエントに対して無条件の積極的関心を経験していること。	無条件の積極的関心
5 セラピストは，クライエントの内的照合枠を共感的に理解しており，この経験をクライエントに伝えようと努めていること。	共感的理解
6 セラピストの共感的理解と無条件の積極的関心が，最低限クライエントに伝わっていること。	

＊上記の「条件」の訳は伊藤・村山監訳（2001）を参照したが，"positive regard" の訳は「肯定的配慮」に代えて，より原意に近いと思われる「積極的関心」とした。

い」，「仕事を続けられるようになりたい」などのように，概念化された表現（自己構造）になることが比較的多いが，そこには「批判されると身動きが取れない状態になって，変えたいという気持ちすら起こらない」，「仕事について考えると苦しい，解放されたい」（体験）という感覚が伴っていることは珍しくない。クライエントは，この自己構造と体験が不一致の状態にある，つまり図15-2のⅡとⅢの領域が多くⅠの領域が少ないことを指摘したのが，ロジャーズ（Rogers, 1957/2001）の**治療的なパーソナリティ変容の必要十分条件**（表15-1）の2番目の条件である。比較的最近の自己に関するモデルとしては，後述するようにメアンズとソーン（Mearns & Thorne, 2000）の自己の "**配置図**"（"configurations" of self）がある。

4 援助要請が困難なクライエントに対する促進的技法

(1) 共感・自己一致・無条件の積極的関心

メアンズとソーン（Mearns & Thorne, 2000）は，解離した複数の自己，他者を取り入れた自己，交流分析の自我状態などの概念で捉えられてきた自己の諸側面を自己の "**配置図**" として概念化し，セラピーにおいてはクライエントが「その存在のあらゆる側面を見つめ，振り返ることができるように援

助する」(p.115) ことを重視した。個人が成長していく側面だけに注目するのではなく，成長せずに膠着している側面も十分に尊重するのである。適応的で健康的な決断をしたくないという部分にも，セラピストは高い水準の共感，自己一致，無条件の積極的関心（表15-1参照）の態度を示すのである。

(2) 2つの椅子の対話

パールズ (Perls, F. S.) のゲシュタルト療法，グリーンバーグ (Greenberg, L. S.) のエモーション・フォーカスト・セラピーなどで用いられる技法である。葛藤する2つの立場を椅子に置き，一方からもう一方に感情に焦点を当てた表現を促したり，もう一方の椅子に座って体験したことの言語化を促したりする方法である。援助要請が困難な場合は，何らかの助けを欲している部分と，それを批判ないし中断させている部分とに分けて理解できることが多い。それは勝ち犬と負け犬 (Perls, 1969/2009)，自己批判分離，自己中断分離 (Greenberg, 2011/2013) などの概念によって理論化されてきた。セラピストは，すぐに解決ができるように援助するのではなく，両者の感情を十分に表現させることにより，クライエントの納得のいく妥協点や統合に至るのである。この方法はロジャーズの理論に忠実なセラピストは行わないような強い介入ではあるが，クライエントが体験していない内容をセラピストが提案することはなく，あくまでもクライエントの体験や表現の促進を狙いとしている。

(3) フォーカシング

クライエントが自分でも援助を求めたいかどうかわからないというとき，また援助を求めることが怖いというとき，何もないというとき，言葉や概念になる前の体験に焦点を当てる方法が**フォーカシング**である。それはジェンドリン (Gendlin, 1978/1982) が「フォーカシングは『行き詰まり』のあらゆる形態に有効」と述べたとおりである。自分が何を求めているか探索すること，怖いというのはどんな感じだろうかと身体感覚に焦点を当てて尋ねてみること，何もないという感じを内面で響かせてみることなどである。フォーカシング指向心理療法のセラピストは，クライエントによってまだ言語化・概念化されていないことを，そのまま取り扱うことができる。セラピストは

〈そのときに何かを感じるのですね〉、〈その感じとしばらく一緒にいることはできますか〉、〈それはあなたにどんなふうに語りかけてくるでしょうか〉などと、「何か」や「それ」という指示代名詞を用いて体験を促進するのである。援助要請が言葉にならないとき、何らかの体験が表現されるまでのプロセスにこのようにして付き合うのである。

5 まとめ

　人間は、ある症状に困っていて「治したい」と言いながらも、予約した面接を無断でキャンセルするという行動をみせたり、あるいは定期的にカウンセリングには通うものの、主訴の確認をするたびに表情を曇らせて言い淀む様子をみせたりするものである。キャンセルにも言い淀みにも、その人の非言語的ニーズが表現されていると捉え、こうした人間のさまざまな側面を全体としての人間と捉える立場、それが人間性心理学の立場である。

　人間性心理学には援助要請やニーズの捉え方や態度に関する独自の理論や方法論がある。基本的には人間性心理学の代表的な理論家、セラピストの主張を学ぶことが、援助要請の捉え方、援助要請が捉えにくい際のクライエントへの関わり方を学ぶことになる。初学者の学習としては、佐治・飯長(2011)を筆頭に、以下に引用文献として挙げた書籍を学んでいくことをお勧めしたい。

■引用文献

Gendlin, E. T. 1978 *Focusing (second edition)*. Bantam Books: New York.［村山正治・都留春夫・村瀬孝雄訳 1982 フォーカシング. 福村出版.］

Goldstein, K. 1934 *Der aufbau des organismus: Einführung in die biologie unter besonderer berücksichtigung der erfahrungen am kranken menschen*. Martinus Nijhoff: Haag.［村上仁・黒丸正四郎訳 1957 生命の機能 ── 心理学と生理学の間. みすず書房.］

Greenberg, L. S. 2011 *Emotion-focused therapy (Theories of psychotherapy series)*. American Psychological Association: Washington DC.［岩壁茂・伊藤正哉・細越寛樹監訳 2013 エモーション・フォーカスト・セラピー入門. 金剛出版.］

Maslow, A. H. 1954 *Motivation and personality*. Harper & Row, Publishers: New York.［尾口忠彦訳 1987 ［改訂新版］人間性の心理学 ── モチベーションとパーソナリティ. 産業能率大学出版部.］

Mearns, D. & Thorne, B. 2000 *Person-centred therapy today: New frontiers in theory and practice*. Sage: London.

Perls, F. S. 1969 *The gestalt therapy verbatim*. The Gestalt Journal Press: New York.［倉戸

ヨシヤ監訳　2009　ゲシュタルト療法バーベイティム．ナカニシヤ出版．]
Rogers, C. R.　1951　*Client-centered therapy: Its current practice, implications, and theory*. Houghton Mifflin Company: Boston. [保坂亨・諸富祥彦・末武康弘共訳　2005　ロジャーズ主要著作集2　クライアント中心療法．岩崎学術出版社．]
Rogers, C. R.　1957　The necessary and sufficient conditions of therapeutic personality change. Kirschenbaum, H. & Henderson, V. L.（Eds.）　1980　*The Carl Rogers reader*. Sterling Lord Literistic: New York. [伊藤博・村山正治監訳　2001　セラピーによるパーソナリティ変化の必要にして十分な条件，ロジャーズ選集（上）．誠信書房．]
佐治守夫・飯長喜一郎編　2011　ロジャーズ　クライエント中心療法 ── カウンセリングの核心を学ぶ［新版］．有斐閣．

16 認知行動療法からみた援助要請

石川信一・肥田乃梨子

1 認知行動療法における援助要請の理解

(1) 認知行動療法とは

　認知行動療法とは，単一の心理療法を指しているわけではなく，多種多様な技法の集合体である。その起源は学習心理学を理論的背景とした応用的技法にあり，行動療法や応用行動分析として発展を遂げた。その一方で，アーロン・ベック（Beck, A.）やアルバート・エリス（Ellis, A.）は自身の臨床的活動から，クライエントの信念，認知，思考に焦点を当てた心理療法，すなわち認知療法と呼ばれる心理療法を考案した。この2つの心理療法の体系は，心理学的研究法に基づいてエビデンスを積み重ねてきた結果，欧州と北米を中心に協働することとなり，**認知行動療法（Cognitive Behavior Therapy: CBT）**という用語が使われるようになった。

(2) 援助を求めることに対する障壁

　援助を求めることに対する障壁として，様々なものが明らかにされている。例えば，専門家への受診を阻害する要因はスティグマ，相談への恥ずかしさ，精神疾患の症状に関する知識不足，問題を自分で解決しようとする意志が挙げられている（Gulliver et al., 2010）。**スティグマ**とは，「それが明らかになることで，その人の信用を失墜させたり，社会的地位を貶めたりすることになりうる属性」と定義されている（Farina et al., 1966）。スティグマには大きく分けて，一般市民や社会全体が有する社会的スティグマと精神疾患患者がもつ自分自身に対するセルフスティグマが含まれる（Corrigan & Watson, 2002）。これまでの研究においては，両方のスティグマによって社会的

な地位，収入，職業，患者自身の自尊心が悪影響を受けるということも報告されている（Link et al., 1999）。一方，1章で論じられたように，本邦では援助を求めることに対する期待感と抵抗感の2側面からなる**被援助志向性**を対象とした研究が積み重ねられている（本田ら，2011）。そこで，本章では，認知行動療法に基づき，スティグマの低減，援助に対する期待感の向上，および抵抗感を改善するための方法に焦点をあてることとする。

(3) 認知行動療法の研究成果

これまでの研究においては，学校における社会的スキルの観点からの支援の有効性が示唆されている。本田（2016）においては，高校生を対象に全6回からなる**集団社会的スキル訓練（集団SST）**を実施している。67名を対象とした分析の結果，向社会的スキルの向上と引っ込み思案行動の改善が認められた。全体として被援助志向性の向上は認められなかったが，被援助に対する期待感の低い生徒においては期待感の向上が，被援助に対する抵抗感の高い生徒においては抵抗感の軽減効果が確認された。

肥田・石川（2015）では，中学生を対象に集団SSTを受けた113名と通常のカリキュラムを実施した141名を比較した検討を行っている。分析の結果，社会的スキル尺度全体と向社会的スキルにおいて介入効果がみられ，統計的には有意傾向ではあるものの，集団SSTに参加した学級で抵抗感の軽減がみられ，通常カリキュラムの学級よりも低い傾向が確認された。

一方，病院臨床においては，**集団認知行動療法（集団CBT）**の実施により，不安や抑うつを示す患者のセルフスティグマが改善することが示されている。集団CBTを実施した結果，46名の参加者は主訴となった不安や抑うつの軽減，不適応な信念の変容に加えて，セルフスティグマの改善が確認された（Shimotsu et al., 2014）。

2 面接における対応の工夫と留意点

以上のように，認知行動療法に基づく介入を行うことで，援助を求めることに対する抵抗感を軽減できる可能性が示されている。以下に学校場面における個別事例と，**援助要請スキル**を高めるための集団介入を紹介する。

(1) **個別事例**── スクールカウンセラーに興味はあるが来談には至らない生徒

　新たな学校に赴任することとなったスクールカウンセラー（以下，SC）は，教室不足のために相談室がかつてのパソコン準備室に割り当てられることを知った。勤務初日，部活動が始まると，パソコンクラブの部員たちが荷物の整理のために出入りするようになった。ほとんどの生徒はSCに挨拶だけをして準備室をすぐに立ち去ったが，その中の一人の男子生徒である2年生のAはSCに話しかけてきた。

「先生は何してんの？」

「スクールカウンセラーといって，生徒や保護者の相談を受ける仕事をしているのよ」

「へー，暇そう」

　Aはその日はすぐに立ち去ったが，翌日からも準備室に立ち寄りSCと少しずつ会話をするようになった。会話の内容はたわいのないものであったが，AがSCについて質問することが多かった。SCは担任教師にAの様子を尋ねてみた。すると，Aは友だちに言いにくいこともズケズケと言ってしまう傾向があり，学級の中で少し浮いているということを教えてもらった。そこで，SCは管理職に体育大会の手伝いを申し出た。行動観察すると，Aは他の男子とほとんど関わることもなく終始うつむいた表情をしていた。SCは管理職と担任教師に事情を説明し，体育大会の手伝いを継続させてもらうようにお願いした。しばらくすると，A以外の生徒がSCに話しかけてくるようになり，少しずつSCの存在が学級に浸透していくようになった。また，体育教師や学年の教師から，Aの家庭での様子や得意なことを教えてもらえるようになった。

　ある日，Aはいつもとは少し違った表情で準備室にやってきた。そこで，SCはいつもとは異なる声のトーンで話しかけてみた。

「Aくん，何か話したいことがあれば聞くよ」

「先生，誰にも言わない？」

「Aくんや誰かに危険がない限り，了解なしに言わない。それがカウンセラーの仕事なの」

「実は，少し話したいことがある……」

① 面接室の外での活動

　認知行動療法の特徴のひとつに，面接場面の外に目を向けながら，クライエントを実生活の中で活性化していくことが挙げられる。この特徴は，特にスクールカウンセリングにおいて効果的に働くことがある。上記の事例のポイントは，「話したいことはある，もしくはSCが気になっているが，なかなか相談に踏み切れない」という点である。

　待ち続けることによって，Aは自ら相談を切り出した可能性もある。しかし，認知行動療法の立場では，相談行動を生起する確率ができるだけ高くなるようなアクションを起こすことが求められる。その結果が，「Aが自発的に相談するまで，温かい態度で受容する」であった場合，それを戦略的に用いることになる。一方で，学校では年度ごとに児童生徒は進級し，教職員の異動が発生する。そのため，当該年度内にできることを探らなければならない。その点を考慮した上で，SCは体育の時間の手伝いを行うことにした。

　ここにはいくつかの意図がある。まず，「情報の裏を取ること」である。SCはAの様子が気になっており，担任教師からはAが学級で不適応を起こしていることが示唆された。しかし，この時点で何かアクションを起こすには十分に証拠をつかんでいるとはいえない。認知行動療法のセラピストは，特に実際の生活の中での振る舞いを確認することを重要視する。SCには，児童生徒が実際に生活する場に入っていけるという利点がある。これを活かさない手はない。そのため，なるべく児童生徒の様子が直接観察できる機会を探すことになる。

　しかしながら，配属されたばかりのSCが教室に現れると，少し目立ってしまうかもしれない。いかにも観察していますという態度に，Aがどのように感じるかは確信が持てない。そこで，「体育大会の手伝い」に参加することにした。校庭や体育館を狙ったのは，比較的オープンな場であるほうが，SCの存在が目立ちにくいだろうということ，何らかの活動をしながらのほうが生徒に観察していることがわかりづらいだろうと考えたからである。ちなみに，普段から教室を巡回していれば，そのような理由づけは必要ないので，今後は他の事例にも備えて巡回活動を継続することが求められるだろう。

② スティグマに対する対応

　相談室の外に出ていく行動には，さらなる機能が備わっている。ひとつ

が，**教職員**とのコミュニケーションの円滑化である。これまでの経験や伝聞によって，「SCは部屋にこもって出てこない」「SCは児童生徒の情報を教えてくれない」という認識を持っている人もいるかもしれない。この可能性を考慮して，赴任時はなるべく相談室の外に出て，積極的に教職員とコミュニケーションをとるとよい。配置校によっては多忙を極め，時間がとれないこともあるが，空き時間があれば学校行事に参加することは望ましい。Aの場合は，結果として体育教師や学年の教師から様々な有益な情報を得ることにつながった。

　そして，相談室の外に出ていくことは，児童生徒のSCに対する見方を変えていく可能性もある。「相談に行くことは恥ずかしい」といった被援助に対する懸念や抵抗感を下げ，「あの人になら相談してもよいかな？」と被援助に対する肯定的態度を高めるためには，SC自身が近づきがたい存在であったり，相談室が行きたくないような場所であったりしてはならない。それぞれの状況に応じて，児童生徒との距離感については慎重な配慮が必要となるが，児童生徒自身が持っている（もしくは植え付けられつつある）スティグマを改善していくことも，相談活動につなげる重要な取り組みとなる。不適応な認知を変える際には，出来事，考え，感情について記録するというコラム法をすぐに思い浮かべるかもしれないが，効果的な支援のポイントは「これまでの思い込みとは違う結果を実体験する」ことにある。

　最後に，SCは多くの児童生徒にとって親しみのある存在でありながらも，**秘密保持**については明確な態度を示しておく必要がある。心理士の基本的態度を明確に示すことによって，他の専門職との違いを明確にすることができ，クライエントは安心して秘密を打ち明けることができる。このような日常場面と相談場面との専門性の両立もSCに求められる態度のひとつである。チームによる秘密保持はケースバイケースである。SCは学校長をリーダーとするチーム学校の一員であることを意識しながらも，面接で知り得た情報について，どのように本人の承諾を得て，どのようにチームで共有していくかを常に考えておかなければならない。

(2) 集団介入──援助要請スキルを高める授業

　ある高校に配属されたSCは，援助要請スキルを高める目的の授業を計画

した。配置校は大規模校であるが，SCは月1回の来校のみとなっており，生徒からの相談が発生しにくかった。そこで，問題の予防と早期発見のために授業形式の介入を考案した。教師からは，学校に登校して逸脱行動を示すという課題ではなく，周囲の目を過度に気にする等の不安を中心とした情緒的問題から学校に来られない生徒の増加が問題として挙げられた。以上より，生徒によくある場面を例に挙げながら**不安症**にターゲットを絞り，2コマの授業を実施することとなった。

　1コマ目の授業は，先行研究を参考に（水野, 2014），目標となる心理的問題を抑うつから不安症に変更して実施した。具体的には，不安は誰にでも起こるものだという教示，"心の不調"として不安症の診断基準を満たす事例の紹介，対処法を案出するグループワーク，効果的な対処法と学内の相談先の紹介を行った。2コマ目の授業では，先行研究（本田・新井, 2010）を参考に援助要請スキルをターゲットとした集団SSTを行った。授業は，援助要請スキルの必要性の教示，良い相談・悪い相談方法の**モデリング**，生徒間でロールプレイを行う**行動リハーサル**，フィードバック，日常場面におけるスキル使用の奨励という流れであった。また，系統的に示された相談方法を相談者側が学ぶだけでなく，相談された側の対応（傾聴し，対応できない場合には大人につなぐ）にも焦点をあてて授業を進めた。

　参加した生徒からは，"心の不調"の事例を紹介した際，「メンタル弱いなー」「やる気がないだけ」といった声があがっていた。授業前に実施したアンケートにおいても，当該事例に対して専門家の助けが必要だと認識した生徒は皆無であった。しかし，授業後に実施したアンケートでは，専門家の助けや相談が必要だと認識した生徒数が増え，感想では「不安を抱える友だちがいたら相談に乗りたいと思った」「自分が不安になったときに相談したり対処法を役立てたりしたいと思った」という声が寄せられた。

① 助けを求めやすい学級環境づくり

　集団を対象にした介入には，精神疾患に関する知識や相談するためのスキルを一人ひとりが身につけるだけでなく，**学級内の環境**を調整する目的がある。ポイントとして，失敗が少なく安全で守られた構造で練習を行うという点がある。**社会的学習理論**に基づき，構造化された形式で実施することで，生徒が相談をするために必要なステップを系統的に学ぶことができると考

えられる。また，練習をペアで行い，相談された場合の具体的な対応についても学ぶため，行動リハーサルの中では相談が必ず成功するようになっている。生徒のリアクションを見ると，授業を受ける前は援助要請スキルの使用がなじみのあるものとはいえない状況であった。それを踏まえると，成功が約束された安全な状況で練習を繰り返すことが重要であると考えられた。

　さらに，学級内の仲間同士で相互作用が生じ，援助要請スキルの使用頻度を高められる点もポイントである。授業の中でこのテーマを扱うことで，相談するということが選択肢として積極的に選ばれやすい環境を学級内に整え，「相談することは恥ずかしい」という抵抗感の低減を狙っている。もし，このような環境が提供できれば，ある生徒が実際に援助要請スキルを使用した場合，練習時に経験した相手からの肯定的で受容的な反応が得られる可能性が高まると期待される。そのことによって，被援助に対する期待感は高まり，結果的に授業後の自然な場面でも標的行動が強化される可能性が高まると考えられる。このように認知行動療法では，個人のスキル獲得を目指すだけでなく，獲得されたスキルが維持されるような環境を整えることも重視される。

② "心の不調"に対する偏見の低減

　授業形式で心の不調について話題に取り上げることは，心の不調に対する**偏見の意識**を変え，当事者が他者へ相談してみようという意識を高めることを目的としている。不安症の事例について，授業中に生徒から「メンタル弱いなー」等の発言があったように，正しい理解が広く浸透しているとは言い難く，自分は弱いという思い込みが相談行動の障壁となる場合もあると想定される。授業という公式な教育活動の中で，適切な知識を伝達することによって，生徒の抵抗感を減少させ，相談行動の生起を促す可能性があるといえる。

　また，学級集団での**心理教育**は，当事者の認識だけでなく，周囲の友人や教師の見方を変え，受容的な理解を促す機会を設けることも意図している。実際に，不安症は児童思春期において非常にありふれた問題であるにもかかわらず，必要な場合であっても適切な支援が行われることが少ない（石川，2013）。相談を受ける側の対応が受容的で，実際に当事者が「相談してよかった」という肯定的な思いを持てれば，さらなる相談行動の生起にもつながる

と期待される。このような受容的な学級環境は，相談行動の生起や問題の早期発見に寄与するだけでなく，心の不調を未然に予防する保護要因としての機能も果たすだろう。

3 まとめ

認知行動療法は，エビデンスを求める社会の要請に応えるための研究を積み重ねてきた。しかし，その成果を活かすためには，「クライエントが相談場面に来てくれれば」という注釈が少なからずつきまとってきた。今後は，「クライエントが相談場面に来てくれるように」支援するためのよりよい手法を求め，実践と研究を積み重ねていく必要がある。

■引用文献

Corrigan, P. W. & Watson, A. C. 2002 Understanding the impact of stigma on people with mental illness. World Psychiatry, 1, 16-20.
Farina, A., Holland, C. H., & Ring, K. 1966 Role of stigma and set in interpersonal interaction. Journal of Abnormal Psychology, 71, 421-428.
Gulliver, A., Griffiths, K. M., & Christensen, H. 2010 Perceived barriers and facilitators to mental health help-seeking in young people: A systematic review. BMC Psychiatry, 10, 113. doi: 10.1186/1471-244X-10-113
肥田乃梨子・石川信一 2015 集団社会的スキル訓練による中学生の被援助志向性への長期的効果．同志社心理，62, 8-17.
本田真大 2016 高校生を対象とした集団社会的スキル訓練が被援助志向性に与える影響．学校臨床心理学研究，13, 25-34.
本田真大・新井邦二郎 2010 適応に寄与する援助要請行動を促進する介入法の開発(1)——プログラムの作成と大学院生を対象とした効果研究．日本行動療法学会大会発表論文集，36, 160-161.
本田真大・新井邦二郎・石隈利紀 2011 中学生の友人・教師・家族に対する被援助志向性尺度の作成．カウンセリング研究，44, 254-263.
石川信一 2013 子どもの不安と抑うつに対する認知行動療法——理論と実践．金子書房．
Link, B. G., Phelan, J. C., Bresnahan, M., Stuebe, A., & Pescosolido, B. A. 1999 Public conceptions of mental illness: Labels causes, dangerousness, and social distance. American Journal of Public Health, 89, 1328-1333.
水野治久 2014 子どもと教師のための「チーム援助」の進め方．金子書房．
Shimotsu, S., Horikawa, N., Emura, R., Ishikawa, S., Nagao, A., Ogata, A., Hiejima, S., & Hosomi, J. 2014 Effectiveness of group cognitive-behavioral therapy in reducing self-stigma in Japanese psychiatric patients. Asian Journal of Psychiatry, 10, 39-44. doi: 10.1016/j.ajp.2014.02.006

第3部 心理療法からみた援助要請

17 家族療法・家族支援からみた援助要請

藤田博康

　家族療法（システム療法）は，今や欧米では精神分析的アプローチ，認知行動療法，人間中心療法とともに4大心理療法に数えられるほど，心理援助の一オリエンテーションとして大きな位置を占めている。わが国においても，虐待やDV，離婚などはもちろん，不登校や引きこもり，うつや不安，非行や犯罪などをはじめとして，家族関係が直接的間接的に問題の悪化や改善に影響を及ぼさないケースはむしろ少なく，家族援助や家族療法への期待がますます高まっている。私たちが心理的な困難や苦しみに陥ったとき，家族とのかかわりや家族の影響を考慮することが，回復の大きな鍵になることはいうまでもないだろう。

　さて，困難を抱えているにもかかわらず，支援を求めることに葛藤や抵抗を感じる人びとの心理について，「援助要請」という視点から研究が重ねられてきている（本田, 2015; 水野ら, 2017など）。ただし，それらの多くは，被援助者一人ひとりの心理社会的な要因を重視したものが主である。家族というユニットを対象とした「援助要請」の問題は，個人の場合よりもさらに複雑であり，あらためて考えてみる必要があるだろう。

1 家族での援助要請の難しさ

　家族は情緒的サポートや癒し，甘えなどの源泉でもあれば，社会化や教育のために個の自由や意志を制限する場でもある。その意味で家族は，個々のメンバーに一体感や忠誠を求める拘束力が意識的にも無意識的にも強く働く集団である。端的にいえば，私たちを癒してくれるのも家族，苦しめるのも家族であり，それらは家族の存在意義の表裏一体の側面である。そのよ

なパラドクスを内包する個々の家族は，社会の価値観や制度により翻弄される脆弱な側面があるとともに，深刻な問題を抱えても（抱えているからこそ）独自の家族のありようにこだわり，頑として変化を受け入れない側面とを合わせ持つ。家族としての援助要請が複雑な様相を呈するのは，そのような家族機能のパラドクスに由来する側面が大きい。以下，家族としての援助要請を複雑にせしめる要因を挙げてみよう。

2 家族の閉鎖性

　問題や困難が生じる家族はいわゆる**閉鎖性**が強い，そして，閉鎖性が強い家族は**機能不全**を起こしやすい。つまり，本来，援助が必要な家族ほど，家族の「ソト」との交流ややりとりが難しいという現状がある。

　そもそもどんな家族にも，「ソト」にはあらわにならない，あらわにできないような関係の持ち方がある。ごく些末なことから，比較的深刻な内容にいたるまで，「ソト」に知れたら「恥ずかしい」ようなことにありふれているのが通常の家族である。また，いまだに家庭内のもめごとは家庭内で解決すべきとか，子どもの問題の責任は親にあるといった，内外からの批判的な目もないわけではない。そのような暗黙の雰囲気や，「スティグマ」への懸念なども相俟って，本来，支援が必要な家族ほど，逆にどんどん支援から遠ざかっていく。

　加えて，虐待やDVであれ，夫婦や親子の不和であれ，家族関係の問題の背景には，近しい者に甘えや依存を求める人間の弱さと，権力やパワーを行使して近しい者をコントロールしようとする利己性とが混沌と絡み合っている。ゆえに，「恥」や「タブー」といった重苦しい雰囲気がより一層色濃くなる。多くの場合，「ソト」からの支援を最も求めているのは弱い立場の者であるが，強者がそれをさまざまな出方で阻止する場合もあれば，そうではなくとも，弱者自らが家族の問題を明るみに出して「ソト」に支援を求めることは，とにもかくにも「家族」という生きるための拠り所が脅かされることにもなるため，援助要請に抵抗が生じる。

　このように，家族には深刻な問題を抱えていればいるほど，現実的には自主的な援助要請が難しくなるという実情がある。虐待やDVなどにおいて，

外からの通報制度やアウトリーチ体制などの確立が重視されているのも故のないことではない。

3 家族としての援助要請という視点の持ちづらさ

　また，家族のある一人に何らかの問題が生じたとき，他の家族メンバーが，それを家族全体の問題であるとか，自分の振舞いや態度に関係があるかもしれないなどとは，なかなか思いにくい。例えば，子どもの不適応などは，それが不登校であれ非行であれ，何であれ親のかかわり方や教育方針，価値観やキャリア，両親間あるいは多世代間での葛藤や軋轢などが影を落としていることが大抵である。しかし親は，単に子どもの意志や性格の欠点とか，あるいは，せいぜい他方の配偶者の問題などにその原因を求めがちで，その背景にある家族や夫婦の関係性や相互作用といった要因には目が向きにくい。つまり，特定の個人を治す，変えるという因果論的な発想になりやすく，家族全体の問題，つまり**家族システム**の機能の不具合として援助を求めるという発想にはなりにくい。だから，わざわざ家族で，あるいは両親そろって相談に行くまでのことはないと思う。

　家族療法では，症状や問題を抱える個人を，患者やクライエントと呼ばずに，**IP（Identified Patient／患者とみなされる者）**と呼ぶ。それは，家族をはじめとする関係性のしがらみの中で，その個人がたまたま問題や困難を示している，あるいは，示さざるを得ないのであって，IP一人に原因があるわけではないという基本的な視点による。だからこそ，家族そろっての来談が事態の理解と改善に大きく役立つと考える（平木，1998）。

　関連して，家族一人ひとりには意識はされていないものの，家族の誰かが問題を抱えてくれているほうが，つまり，IPとして犠牲になってくれているほうが，曲がりなりにも家族関係が保たれるといったケースも案外ある。例えば，子どもの症状への対処があるからこそ，葛藤の高い夫婦が，家族という形態を維持できているといった「**迂回連合**」が典型的だが，その場合，実際，援助ニーズが高いのは子どもよりも両親のほうであったりする。

　いずれにせよ，IPの問題や症状が，現状の家族関係の修正や改善の必要

性を示してくれているという観点が加味されることで，IPの抱える困難をより的確に理解でき，早期の効果的な援助につながるというのが，家族療法の基本的スタンスである。だからこそ家族療法家は，初期の段階で積極的にイニシャチブをとって，少なくとも両親とIPそろっての来談を求める。**リクルートメント**と呼ばれるこのかかわりは，援助ニーズをあまり感じていない，あるいは「恥」や「関心の薄さ」や，本人にも意識されていないような「隠された理由」から援助要請に消極的なメンバーにも，まずはともかく来談してもらうことで，家族全員をかけがえのない援助資源として尊重し，問題の早期改善に向けてさまざまな形で協働していこうとする作業である。

　一般的なリクルートメントのやり方は，最初の相談申込みの段階で，家族での来談が望ましいことを専門家の立場から積極的に伝え，依頼する。このやりとりで，家族や両親（夫婦）がそろって面接に来てくれるようになることは少なくない。最近は，一昔前とは事情が変わって，母（妻）よりも，父（夫）のほうが援助要請に理解があるケースも増えている。

　さまざまな事情から家族での来談が難しかったり，相談申込者が家族の同伴に消極的だったりする場合には，まずは，援助要請に積極的な一人と会うことにならざるを得ない。家族間の葛藤が強いほど現実的にそうなりがちだが，特定の一人とのカウンセリングを続けることで，その人の受け止め方や態度を不適切に支持，強化してしまい，かえって家族間の対立を深め，状況を悪化させてしまう危険性も少なくない（藤田, 2015）。個人面接と家族面接の「かんどころ」（氏原・藤田, 2014）のちがいのひとつである。

4　家族面接における援助要請の温度差

　自主的な家族での来談であれ，家族関係の改善が必要と他の専門家からリファアーされた家族であれ，リクルートメントによって来談した家族であれ，家族がそろいさえすれば，それで一件落着というわけではない。

　多くのケースでは，親が子どもを変えたいとか，妻が夫の性格を問題として，などといった来談の動機になりやすい。そこには他責的態度や支配欲求，あるいは逆に，甘えや依存の満たされなさなどが少なからず絡んでいる。その色合いや程度により，他のメンバーは来談に消極的，拒否的になる

こともあれば，家族内で力を持つ者に従順になることもある。IPの問題や家族の機能不全を成り立たせ維持してしまうような関係性のパターンは，そんなところに端的に表れていることが多い。

だから，家族の誰かから積極的に援助要請があったとしても，それを単純に好ましいことばかりと評価できない難しさがある。そこに勢力争いや，隠れた依存心，満たされない甘えなどの問題が絡み合うことがあり，援助者がその家族力動に安易に巻き込まれてしまうと，不全のある家族システムを変えられないばかりか，弱者がより追い込まれるということにもなりかねない。したがって，家族援助に携わる専門家は，家族メンバーそれぞれの援助ニーズや被援助志向性に関する「温度差」を踏まえたうえで，それらの意味合いを「家族の文脈」に沿って見立てることができなくてはならない。

いずれにせよ，さまざまな思惑や抵抗がありながらも，ともかく家族で来談に至った機会を最大限に生かし，個々人のレベルを超えて，家族の関係性そのものに介入し，家族の持つ潜在的治癒力を引き出すのが基本的な家族療法のあり方である。

5 家族面接での対応，工夫，留意点

それでは，そのような「温度差」のある家族にどう対応して，いかに家族全員を援助に資する**リソース**として位置づけていくのか。この点，家族合同面接の初期に必須のスキルとして「**ジョイニング**」がある。これは文字どおり，「家族の仲間に入れてもらう（ためのやりとり）」であり，個人療法の「ラポール」に類似のやりとりを，さらに能動的に時間をかけて行うものである。あいさつや面接のオリエンテーションを丁寧にすることから始まって，多忙な中での家族そろっての来談に感謝したりねぎらったり，家族で来ることになったいきさつを丹念に尋ねたり，家族の一人ひとりとできるだけ打ち解けるために，自然にきさくに会話を交わしたり，それぞれの家族メンバーの雰囲気やありように逐次，チューニングし，面接に消極的なメンバーには，まずは，その気持ちや微妙な立ち位置を汲み取るような共感的な対応をするなどして，家族面接に対する疑念や躊躇の気持ちを和らげる。そうした地ならしのような作業をきめ細やかに行うのが「ジョイニング」である。

そのうえで，家族全員で面接することの意義や効果をわかりやすく伝え，専門家を交えてのこの面接が現状の打開に役に立つかもしれないとか，ともかくセラピストは一人ひとりのことを尊重してくれ，ここに来てもあまり嫌なことはなさそうだとか，あるいは，自分の心の中の想いを整理したり表明したりできそうだ，などといった感じを家族のそれぞれが抱くようになることを，まずは当面の目標とする。この「ジョイニング」がある程度うまくいくと，当初，問題になっていた家族の「恥」や「タブー」とか「スティグマ」などへの，こだわりや懸念は相当に軽減する。

6 個々のメンバーへの共感的なかかわり

　ジョイニングを経て，次第に話は主訴や問題をめぐる内容になっていく。ここにおいても，個々のメンバーの問題の受け止め方や取り組み方は当然異なり，主張が強い者，発言を抑える者，誰かのことや家族の関係を気遣う者，あきらめがちな者など多様である。ここで家族療法家は基本的に，それぞれのメンバー一人ひとりと（一度に複数とはできないので順番に），一定の時間をかけながら丁寧に共感的なやりとりを行う。セラピストを媒介として，それぞれの想いや事情ができるだけ言葉になり，最終的にそれを聞く家族に共有されることがねらいである。もちろん，一人ひとりの想いや主張，立場や望みは相容れないものであることが多い。にもかかわらず，それぞれの受け止め方や考えが，それぞれ価値のある大切なものとして尊重され，家族の前で表明され，伝わり，受け入れられることを目指すのである。

　実は，家族という関係は，なかなか互いの想いがうまく伝わらない関係でもある。本当は頼りたかったり，甘えたかったりするときに，それをそのまま素直に伝えられる夫婦や親子はむしろ少ない。情緒的に近い関係においては甘えや依存が，沈黙，不満，憤り，非難等の表現に変じやすく，当初の意に反して関係がこじれていく。なんらかの問題や困難を抱える家族は，例外なくこのコミュニケーションの悪循環が起こっている。

　また，子どもの親に対する気遣いや心配も家族に伝わりにくい。例えば，いじめが深刻化してしまうケースでは，子どもが親になかなか相談できず，事態がこじれてしまう場合が少なくない。その背景には，夫婦間の不和と

か，職場の問題などさまざまな事情により，親も精神的なストレスを抱えており，もう親に心配をかけられないとか，これ以上，親の心労が増えると耐えきれずに離婚してしまうんじゃないかといった子どもの気遣いがある。あるいは，自分の苦境を伝えたとしても，親が自身のことで手いっぱいで，「そんなことで負けるな」とか「もっと強くならなきゃだめだ」とか「情けない」など，叱咤激励や非難めいたことで終わってしまったり，親が一方的に相手や教師を責めにいってしまい，さらに収拾がつかなくなるなど，内心いろいろな想いを抱いていることが多い。

こんなときに，セラピストの共感的なやりとりによって，子どもがそんな想いを少しでも表現でき，親がそんな子どもの気遣いや心の内に少しでも触れることができれば，事態は間違いなく大きく展開する。このような家族の「分かち合い」は，家族の自助努力にはほとんど期待できず，特定の個人へのカウンセリングでも限界があることはいうまでもないだろう。

7 問題の成り立ちや維持の「からくり」を見立てる

家族療法家は，そのような多方面への共感的かかわりにより，家族のそれぞれの想いが共有されるプロセスを促進すると同時に，今の困難や問題が，家族の事情の中でどう生じてきたか，どう維持されているかといったことを見立てていく。この，いわゆる**システミック**な**観点**があると，単に偶発的に起こった問題や，どこにでもあるような困難が，家族システム内のメンバーの受け止め方や思惑，相互コミュニケーションなどにより，悪循環的に深刻な問題になり，対処が難しくなってしまっている「からくり」が見て取れる。

その「からくり」，言いかえれば，「なるほど，そのような事情が絡み合って，今の困難な現状があり，変えようにも変えられなくなっているのか」とか，「その苦境を，それぞれがそれぞれのやり方でなんとかしようとしてきたのか」などということがわかってくると，こちらも的を射た積極的な介入がしやすくなる。並行して，はじめは，援助要請に熱心で主張が強かったメンバーが，問題の本質に気づいてトーンが穏やかになってきたり，しぶしぶ面接に来た方が「わが意を得たり」と治療援助の文脈へ意欲的に関与するよ

うになったりするなど，家族関係の（つまりシステムの）変化が起こる．実際，この類の変化なくして，家族が本来持つ「癒し」機能の回復は難しい．

このように，家族ユニットとしての援助が軌道に乗り，家族の治癒力や抱えの機能が回復していくと，それほど来談回数を要することなく援助が終結となることが多い．わざわざ家族で来てもらうことの大きなメリットである．

8 おわりに

何らかの困難を抱えていない家族はあっても少ない．しかし，家族はさまざまな理由で援助要請をためらいがちでもある．たとえ，家族の誰か一人からでも，あるいは，通報やアウトリーチをきっかけとする不本意な援助要請であっても，家族療法家は，初期の段階での積極的なリクルートメントや，ジョイニングなどを通じて，家族メンバーそれぞれの援助ニーズや被援助志向性の温度差を見立て，調節し，介入を行っていく．

家族一人ひとりの立場がかけがえのないものとして尊重され，それぞれの想いの分かち合いや，現状の苦境の「からくり」の共有がなされると，遠からず家族全体に意欲と希望が広がる．そして，当初の援助要請にまつわる抵抗や無関心などは自然と解消される．

そのためにも，援助者は家族ユニットを対象としての心理援助の「かんどころ」に精通していることが不可欠である．家族の相談は一見容易に見えるが実は難しく，個人療法のスキルだけでは逆に問題を悪化させてしまうことも少なくない．かのフロイトが，その初期に患者の家族に介入し，治療が失敗に終わり，家族へのかかわりを禁忌としたというエピソードをもって他山の石とすべきであろう．

■引用文献

藤田博康　2015　個人面接で夫婦の話を聴くとき．家族心理学年報33　個と家族を支える心理臨床実践I．金子書房，pp.68-75．
平木典子　1998　家族との心理臨床──初心者のために．垣内出版．
本田真大　2015　援助要請のカウンセリング──「助けて」と言えない子どもと親への援助．金子書房．
水野治久監修，永井智・本田真大・飯田敏晴・木村真人編　2017　援助要請と被援助志向性の心理学──困っていても助けを求められない人の理解と援助．金子書房．
氏原寛・藤田博康　2014　ロールプレイによるカウンセリング訓練のかんどころ．創元社．

18 コミュニティアプローチからみた援助要請

大西晶子

1 人と社会の関わり
援助を求めることに関して

　自尊心の脅威から他者に助けを求められない人もいれば，他者に与える負担を懸念して助けを求めない人もいる。人に迷惑をかけないことが尊ばれる社会もあれば，相互扶助によって成り立つ社会や，富める者が困窮する者を助けることが当然と見なされる社会もある。このように「助けて」の発しやすさは個人の属するコミュニティによって一様ではない。すなわち，援助要請行動は，個人と社会とのつながりの一形態であり，**個人と環境の相互作用**に注目する視点が必要である。

　こうした人間観は，**コミュニティ心理学**の考え方の核となる部分である。したがって本章では，コミュニティ心理学の枠組みを用いた援助的介入（以下，**コミュニティアプローチ**）の特徴を示しながら，人が社会の中で他者に助けを求める行為について理解を深めていくことにしたい。

2 助けを求めるという行為を説明する従来のモデル

　助けを求める行為を説明するモデルでは，問題となる状況が生起してから，実際に人が何らかの行動（助けを求める／あるいは求めない）を起こすまでを，意思決定の複雑なプロセスと見なす。臨床心理学領域の研究（例えば，本田, 2015；木村ら, 2014；高野・宇留田, 2002）においても，「問題への気づき」「問題の査定（緊急性・自己対処可能性）」「援助要請の決定（援助要請

する・しない）「援助者の選定（専門家／身近な他者）」「援助を求める／求めない」という，おおむね共通した流れでこのプロセスを捉えている。このモデルに沿うと，援助を求めない状況とは，当人が問題を認識していない「困っていない」状態，問題解決に他者の助けを必要としない「助けてほしいと思っていない」状態，あるいは「助けてほしいけれども『助けて』と言えない」状況のいずれかであると想定できる。

　プロセスモデルの特徴は，このように助けを求めるという行為を，意思決定という個人内に生じるプロセスとして捉え，主に意思決定の主体である個人側から説明を行っている点にあるだろう。一方こうした視点は，**環境側の要因が果たす役割を曖昧にしてしまう**という問題を併せ持つ。以下では，助けを求めるという行為を，個人側のみならず，環境側からも読み解いていくことにする。

3　コミュニティアプローチからみた援助

(1) コミュニティアプローチとは

　コミュニティ心理学について，山本（1986）は「様々な異なる身体的・心理的・社会的・文化的条件をもつ人々が，だれも切り捨てられることなく，ともに生きることを模索する中で，人と環境の適合性を最大にするための基礎知識と方略に関して，実際におこる様々な心理的社会的問題の解決に具体的に参加しながら研究をすすめる心理学である」と述べている。このように，コミュニティ心理学は，心理援助に関する緻密な技法や理論というよりは，コミュニティやコミュニティの中で生きる人を理解し，問題状況に介入していく際の考え方・枠組みのようなものといえる。また，その枠組みを用いたコミュニティアプローチは，人間が抱える問題状況の理解の仕方や援助のための介入方法が，伝統的な心理療法と大きく異なっている。

(2) 誰が援助の対象か

　従来の心理療法の認識枠組みにおいては，クライエントと専門家の出会いは，専門家に援助を求めることを決定した個人が，相談機関の情報を得，予約の電話やメールをし，予約時間に面接室のドアを開けたところから始ま

表18-1　援助要請しない人への援助の必要性（本田, 2015, p.72）

事例の タイプ	援助の必要性	
	なし（または低い）	あり
タイプ1	問題状況自体がない	援助者には問題状況に思える
タイプ2	自分で対処できている（問題状況が自分にとって重大・深刻ではない）	援助者には自己解決が困難に思える（対処しきれていない，対処が不適切である）
タイプ3	自力で対処するために努力しており，援助者から見て自己解決できそうである	相談する余裕がないほど多忙である。相談したいと思えないほど疲弊，無気力化している。または，もともと相談すること自体を否定的に考えている
タイプ4	（基本的に援助が必要と考えられる）	本人に身近な人への相談の意図が強いのに，ためらっている
タイプ5	（基本的に援助が必要と考えられる）	本人に専門家への相談の意図が強いのに，ためらっている

援助者の判断（アセスメント）能力と感情（援助動機）にも注意を向けて，対象者にとっての援助の必要性を吟味する

る。したがって，援助を求めない人は現実的に援助対象とならない。また当然ながら「困っていない」状態にある人も，援助対象とは見なされないだろう。一方，コミュニティアプローチにおいては，現段階では面接室に姿を現していない人，まだ援助を求めていない人も援助対象と見なされる。例えば本田（2015）は，援助者側から見たときの援助の必要性の視点を加え，援助要請をしない人のタイプとして，表18-1の5タイプを挙げている。

コミュニティアプローチにおいては，この全てのタイプが援助的介入の対象となり得るだけでなく，現段階では問題状況がなく，援助者にも援助が必要とはみなされていない人も援助対象となり得る。

心の健康についての知識を学んだり，ストレス対処のスキルを身につけたりすることは，問題発生の予防や問題を抱えた際のより効果的な対処行動につながる。また学びを通じ，心理的な問題について理解を深めることで，問題を抱えた身近な人のより良き支援者となることができる。こうした**予防を重視したコミュニティへの介入**は，コミュニティ全体を，助けを求めやすい場へと変えていく取り組みともいえる。

(3) 環境側の要因を問う視点

前述の援助要請のプロセスモデルにおいては，援助者が関心を持つことの

ひとつは，援助要請を滞らせる阻害要因の理解であろう。プロセスのどの段階で，どのような理由で，助けを求める行為が滞っているのかを把握し，さらにその要因を除去することで，「助けてほしいけれども『助けて』と言えない」人が，援助を求められるよう働きかける。この際，コミュニティアプローチは，どのような場で人は助けを求めやすく，あるいは求めにくく感じるのか，どのようなコミュニティは助けを必要としている人の存在を見逃さずに適確に反応しうるのかという，環境側の役割に注目する。つまり，働きかけの対象は，個人を取り巻く状況である。

(4) 文脈の中での援助要請の理解

コミュニティアプローチは，**文脈の中で個人を捉える認識枠組み（Person in context）**を有し，さらに文脈を多層的なシステムから構成されるものと見なす，**生態学的視座**（植村, 2007）を重視する。

図18-1に示すように，ミクロレベルの環境には，実際に個人が助けを得

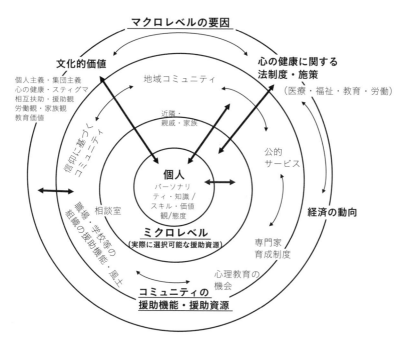

図18-1　援助要請行動が生起する場

ることができる**資源**が存在する。ただし各人が有するミクロシステム内の援助資源の豊富さや利用可能性は一様ではなく，専門的な援助資源については，国や地域，所属する組織によっても，発展の度合いや利用しやすさに違いがある。また，助けを求めるという個人の行動は，より上位の次元との相互作用の中で形作られる。例えば，カウンセリングサービスの利用に対して個人が心理的抵抗感を感じるとき，それは個人的特性であると同時に，心理的な問題を抱えたり，それを専門家に相談して解決することに対して否定的な**社会文化的価値**を個人が内在化したものでもある。

　さらに，メンタルヘルスや援助要請行為に関する社会文化的価値は，制度や組織の機能と相互作用し，最終的にその社会で暮らす人々の選択肢を狭めたり，広げたりする。相談が望ましい対処行動のひとつと認識される社会においては，利用可能な援助サービスを整備・提供することが，自治体や組織の責任と見なされるだろう。また多くの人が，そうしたサービスを利用した結果，サービスの必要性は実証され，国や組織のさらなる取り組みを後押しするだろう。一方，悩みごとを個人的に抱え，解決することが尊ばれる文化的価値が浸透していたり，心理的な支援は，家族や身近な人が担うものと見なされる社会においては，専門的な援助サービスは発展しづらく，またそうしたサービスに対する人々の信頼感も低いものに留まりやすいだろう。当然，専門家への相談は抑制されやすく，ニーズは可視化されにくい。人々が助けを求めるか，求めないかという議論において，人々が生きる場の持つ特徴とともに検討する必要性は明白であろう。

4　助けを求めやすいコミュニティの構築

(1)　コミュニティのニーズを明らかにする

　前述のとおり，援助を求める行為は，個人と個人の生きる場の相互作用によって生じる状況であり，したがってコミュニティの特徴を踏まえた援助的介入が不可欠である。個人の価値観や態度に働きかけるだけでは十分ではなく，コミュニティの有する風土の変容に働きかけ，またコミュニティの成員のニーズにあったサービスを整備していく必要がある。このため，専門家はコミュニティに積極的に参画していく姿勢が求められる。

金沢（2004）は，コミュニティ心理学の専門家は，個人から大きな社会システムまで，様々なレベルを相手にすると指摘する。ここでいう様々なレベルとは，小集団，家族，職場，近隣，友人関係などもあれば，種々の制度，集団規範，さらにはより大きなレベルとしての政策や自治体なども含まれる。

　例えば学校を対象とした場合，「クラス」をひとつの単位として取り上げることもできるし，「学校」，あるいはその学校を包括する「地域」をコミュニティと見なすこともできる。隣接する市の同規模の複数の中学校に関して，生徒の援助ニーズ（悩みごとがあるかどうか）や相談傾向を比較し，相違が生じたとしたならば，学校，あるいは地域の持つ特徴とともにその理由を探っていくことができる。また，学校内でクラスや学年等の下位集団による相談率の相違が生じたとしたならば，状況を把握しながら，対応策を練っていく。この際，コミュニティの構成員のうち，少数派のニーズには特に留意が必要である。多数派を想定して構築された既存のサービスは，少数派のニーズに適切に対応できない場合があり，またそのニーズは見えにくい。

(2) 助けを求めることが容易な仕組みづくり

　既存の援助資源を結びつけたり，異なる専門性を持つ関係者間で協力する体制を整備したりすることで，より助けを求めやすい仕組みが実現する場合がある。このように，コミュニティに関する深い知識に基づいて，資源になりそうなものを発掘し，有機的に結び付ける作業は，コミュニティアプローチの特徴のひとつといえる。例えば，自治体が外国人相談窓口を開設しても，あまり利用がなされない場合がある。背景に，外国人居住者の生活状況に行政側が疎い状況がみられることは少なくない。そのため相談窓口の情報が必要とする層に届かない，機能が理解されていない，窓口の開設時間帯は働いており利用が困難，電話での予約が不便，予約時に名前や連絡先を知られることへの心理的抵抗感など，利用者側の思いとサービスの形態にずれが生じやすい。

　一方，例えば地域で展開する日本語のボランティア教室は，多くの在住外国人が気楽に参加できる場であり，その場で様々な生活上の悩みごとが共有される。外国人相談窓口を別途設けるのではなく，日本語のボランティア教

室に援助専門家が出向くことや，日本語教室のボランティアに対して，心理的問題への対応の基礎的知識を身につける講座を実施することなどが，助けを必要とする人と専門家がつながるより効果的な形となりえる。

(3) さらなる学習への示唆

コミュニティアプローチの援助的介入の特徴は，コミュニティの事情に通じ，資源を活用し，援助の形を適切なものに変えていくことで，助けを求めにくい人たちに対して援助資源とつながる選択肢を提供することにある。既存の援助理論や援助サービスに，利用者側が合わせてくれるのを期待するのではなく，より多くの人の心の健康に，心理学の知識が役立つための方策を探っていく作業といえる。「潜在化したニーズ」「届きにくい『助けて』の声」に想像力を働かせることは，面接の場での援助関係の構築に心を配るのと同様に，援助専門家に問われる専門性である。様々な援助理論を学ぶことは当然必要だが，加えて，自らの暮らす社会を見渡し，そこに生活する人の日常を知り，身につけた専門性の有効性を問い直す作業にも取り組んでいただきたい。

■引用文献

金沢吉展 2004 臨床心理的コミュニティ援助論. 誠信書房.
木村真人・梅垣佑介・水野治久 2014 学生相談機関に対する大学生の援助要請行動のプロセスとその関連要因 ―― 抑うつと自殺念慮の問題に焦点を当てて. 教育心理学研究, 62, 173-186.
本田真大 2015 援助要請のカウンセリング ――「助けて」といえない子どもと親への援助. 金子書房.
高野明・宇留田麗 2002 援助要請行動から見たサービスとしての学生相談. 教育心理学研究, 50, 113-125.
植村勝彦 2007 生態学的視座. 日本コミュニティ心理学会編 コミュニティ心理学ハンドブック. 東京大学出版会, pp.39-54.
山本和郎 1986 コミュニティ心理学. 東京大学出版会.

18

コミュニ
ティアプ
ローチ
からみた
援助要請

COLUMN 6　　被災者の声・支援者の声

大災害時における被災者の援助要請

久田　満（上智大学総合人間科学部心理学科教授）

　大災害が起きたとき，被災地から遠く離れたところに住んでいる多くの人々はテレビに映る映像を眺めながら，「きっと現地の人はとても困っているだろう」「お金や生活物資や人手が必要であるに違いない」と判断する。「援助しよう」と行動に移す人も出てくる。大災害に襲われた人々は急激に援助要請意欲が高まり，消防職員や警察官，自衛隊といった国家レベルでの救援を要請しつつ，その一方で，駆けつけたボランティアに対しても躊躇なく助けを求めるに違いないと考えるのではないだろうか。

　大災害の被災者の多くは「心のケア」を必要としている。だからといって，支援者としてやみくもに接触を試みることは避けるべきである。有効なケアを提供するためには，そのような極限状態におかれた人間が抱く感情や思考についての十分な知識が必要であり，特殊ともいえるスキルを身に付けていなければならないからである。そうでなければ，良かれと思って行ったケアが「余計なお世話」になったり，それどころか被災者を傷つける二次災害になることさえあり得る。大災害の被災者の心理状態に関しては，最低限，次の3つに関する理解を深めてほしい。すなわち，1）急性反応，2）対象喪失，3）罪悪感（サバイバーズ・ギルト）である。

　被災直後，被災者は「茫然自失」といわれる，自分自身に何が起きたのか自分でも理解できない状態となる[1]。一種の防衛反応として感覚・感情が麻痺する。そのような状態にある人に近づいて「話を聴かせてください」と言っても，そう言われた人は「なぜ私に？」「何のために？」「何を話せばいいの？」というような疑念しか起きないであろう。

　大災害の被災者，特に被災直後の人々に対する支援の在り方については，いわゆる「サイコロジカル・ファーストエイド（Psychological First Aid；以下，PFA）」の考え方が参考になる[2]。この考え方は，2001年9月11日にアメリカで起きた同時多発テロをきっかけとして広がったものである。PFAの基本原理は，「被災者にこれ以上の害を与えないこと」と「回復力を信じること」である。茫然自失状態にあって，援助要請意欲のない被災者に対して支援者が行うことは，何よりもまず身の安全の確保である。そして，徐々に落ち着きを取り戻していく過程をさり気なく，付かず離れず支えることである。普段から付き合いのある周囲の人々とのつながりを断ち切らないように配慮することも大切である。治療者が全面に出る治療的なケアではなく，支援者は黒子となって日常生活を支えるお手伝いをする。

多くの人命が失われる大災害では，その数の数倍から数十倍の人が対象喪失といわれる状況に陥る。この場合の対象とは，親しい人物やペットに限らず，慣れ親しんだ場所（家や学校など）や社会的な役割も該当する[3]。要するに愛着を持っていたものである。その愛情と依存の対象が突然なくなったとき，人はどのような反応を示すのかを理解し，適切な方法で支えていかなければならない。対象喪失の状態に陥った被災者に対して効果的な援助を行うためには，グリーフケアの手法の取得が必須となるだろう[4]。さらに，大災害でしばしば生じる「曖昧な喪失」についての知識も必要である[5]。生き埋めとなったり，津波で流されてしまって，遺体が確認できない場合の特殊な喪失体験のことである。

　生き残った被災者の多くはときに強烈な罪悪感（サバイバーズ・ギルトという）を抱いているということも知っていてほしい。たくさんの人々が命を落としたのに私は助かってしまい，亡くなった人に申し訳ないという感情である。私は被災地で，「勉強も運動もすべてにおいて優秀なお姉ちゃんが死んでしまって，何をやってもだめな私（妹）が生き残ってしまってごめんなさい」と泣く中学生に出会った。病人やケガ人をケアする立場でありながら，まだ幼い自分の子どもの健康を優先し放射性物質による被害の及ばない遠隔地に避難した看護師は，後日自分の取った行動を振り返り，自分自身を責めていた。このような罪悪感に苛まれている人に対して，「助かってよかったですね」とか「そんな状況では仕方がなかったと思いますよ」と伝えても逆効果であろう。

　心理職は「心のケア」の専門家である。しかし，大災害時においてはときとして，被災者の心に触れてはいけない。話を聴くことすら慎む必要がある。「心のケア」が必要な人ほど，それを望まない場合があることを理解し，共感と思いやりの気持ちを少しずつ示しながら，まずは対象者の生活を支えるお手伝いをするという姿勢が求められる。

■引用文献
1) 金吉晴編　2006　心的トラウマの理解とケア　第2版. じほう.
2) アメリカ国立子どもトラウマティックストレスネットワーク・アメリカ国立PTSDセンター著，兵庫県こころのケアセンター訳　2011　災害時のこころのケア —— サイコロジカル・ファーストエイド 実施の手引き 第2版. 医学書院.
3) 小此木啓吾　1979　対象喪失 —— 悲しむということ. 中公新書.
4) Worden, J. W.　2008　*Grief counseling and grief therapy: A handbook for the mental health practitioner 4th Edition.* Springer Publishing Company: New York.［山本力監訳　2011　悲嘆カウンセリング. 誠信書房.］
5) Boss, P.　2006　*Loss, trauma, and resilience: Therapeutic work with ambiguous loss.* W. W. Norton & Co.: New York.［中島聡美・石井千賀子監訳　2015　あいまいな喪失とトラウマからの回復 —— 家族とコミュニティのレジリエンス. 誠信書房.］

第4部 まとめ

19 心理職に求められる援助要請の視点

本田真大・飯田敏晴・木村真人

1 援助要請研究の実践への応用

(1) 援助要請の研究から実践への流れ

　援助要請の研究は当初「人はなぜ援助を求めないのか？」という問題意識に立ち，援助要請を促進・抑制する要因の解明が進められてきた。その後，現実社会での実用性を志向し，援助要請行動の促進を目的とした集団対象の実践が行われ，その効果が検証されてきた（例えば，Gulliver et al., 2012）。さらに，研究の問題意識は援助要請行動の結果（個人の精神的健康など），すなわち「人はどのように援助を求めると健康になるのか？」という点にも広がり，よりよい援助要請のあり方（援助要請スキルなど）の研究も行われるようになった。そして2010年以降には援助要請できない個別事例への介入実践が報告され始め，「援助要請に焦点を当てたカウンセリング」（本田・水野, 2017）として体系化されるに至っている。

　本書で多数報告されている事例はこのような援助要請研究の流れの中に対応させることができる。本書の事例の多くは前者の問題意識に立脚し，ニーズがあっても自ら相談しない対象者の援助要請を促進する援助実践である。後者の問題意識に立脚したものは，スクールカウンセラーが保護者の援助要請を「不器用な援助要請」ととらえ，適切な援助要請ができるように援助した事例（3章）が該当し，両方の問題意識に関わるものには学校で助けを求めやすい学級環境づくりと心の不調に関する偏見の低減をめざした集団介入の実践（16章）が該当する。そして当事者およびそのコミュニティに参画する支援者のコラムからは個人の要因を超えた，援助要請を難しくする社会全体の要因を考えずにはいられない。

(2) 本書で取り上げた援助要請の特徴

　教育領域の事例からは，学校環境の中では子ども・大学生の支援にチームで関わるという特徴が提示されている。発達途上の子どもの一見問題に見える行動を援助要請と理解し，チームによる支援を開始する。さらに，当の子ども・大学生は困っておらず教師・大学教員や保護者が困っている状況もあるなど，チームで関わるからこそ生じる複雑な状況もある。別の言い方をすれば，本人が主観的に困っていなくても潜在的なニーズがあることに周囲の大人が気づきやすい環境であるともいえる。教育領域の事例からそのような学校環境の特徴が読み取れよう。

　本人が困っていなくても誰かに勧められて来談することは，医療領域でもよく見られる。5章の事例のように医療機関以外の相談機関に医療的ケアが不可欠な対象者が来談する場合があり，心理職としては医療的な治療の必要性のアセスメントの能力と，対象者を医療につなぐ（援助要請を促進する）能力の双方が求められる。

　福祉領域の事例の特徴として，親にも問題意識がない場合や，援助を自ら求めるどころか施設の中で提供される援助を拒否する場合などもある。本書で挙げた子ども虐待，拠り所の少ない母子，自殺念慮など福祉的な支援のニーズが高い事例においては，「援助要請できるようになること」がひとつの支援目標となっている点に注目したい。また，教育領域と同じく多機関連携という形のチームで支援が展開されるが，学校が児童相談所に虐待の疑いを通告する際の抵抗感とは，チームでの支援を行うこと自体への抵抗感ともいえる。

　産業領域においても，関係者との連携は欠かせない。その中で個人の相談を受けるのみでなく，組織の問題へのアプローチも行われる。さらに産業領域の上司・管理職と従業員の関係の中で来談を勧めるためには業務パフォーマンスの観点が重要となるなど，職場内での援助要請という文脈特有の要因を考慮する必要がある。

　司法領域について，犯罪被害という危機的状況は，援助が特に必要であるにもかかわらず援助要請しにくい心理状態にあるといえよう。そこで求められるのは支援者があらゆる可能性を見逃さないことであり，被害に気づいたときの適切な関わりである。その適切な関わりが被害者の肯定的な援助要請

体験となり，将来悩んだときに援助要請しようと思いやすくなることにつながるであろう。非行少年はそもそも自ら相談に来るとは考えにくい。司法の介入があった後の，本人にとっては不本意かもしれない来談という援助要請の文脈は，自主的な来談や身近にいる重要な他者から勧められての来談とは大きく異なるであろう。

これらの領域を超えて「当の本人に問題意識がない（困っていない）ようである」事例が散見される。本田（2015, 2017）が提案する**援助要請の心理状態のアセスメントモデル**に基づけば，援助要請しない心理状態は「困っていない」「助けてほしいと思わない」「『助けて』と言えない」の3つに大別される。「困っていない」事例では対象者と支援者の間で問題意識を共有しにくく，その中でいかに対象者とつながることができるか，本書の事例から多くを学べるであろう。

第3部は**精神分析，人間性心理学，認知行動療法，家族療法・家族支援，コミュニティアプローチの立場から援助要請について解説したもの**である。援助要請に焦点を当てたカウンセリングは特定の心理療法の立場をとるものではなく，むしろどの立場でも遭遇しうる「潜在的なニーズがあるのに自ら援助を求めない対象者にどう関わるか」，さらにはコミュニティアプローチ（18章）の点からは「潜在的なニーズがない状態の対象者にどう関わるか」という共通の問題を扱うものである。本書ではこの共通の問題を援助要請の研究と実践から論じてきたが，第3部で解説されているように既存の心理療法の中でどのように議論されてきたかを知ることは極めて重要である。

そして，コラムでは当事者の声，支援者の声を紹介した。どの言葉にも重みがあるが，社会の偏見や思い込み，無関心がいかに当事者を追い詰めているのか，支援者に何を求めているのか，切実な訴えから学ぶ点は多い。そして，コラムで取り上げられたトピックはいずれも援助要請研究が少ないものばかりであり，今後の支援に加えて研究の蓄積も重要な使命である。

(3) **援助要請に焦点を当てたカウンセリング**

援助要請に対するカウンセリングの視点からの実践は**援助要請に焦点を当てたカウンセリング**（本田・水野, 2017）と呼ばれる。援助要請の困難さ，

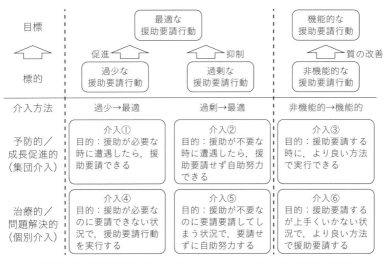

図19-1 援助要請に焦点を当てたカウンセリングの理論的枠組み
(本田・水野, 2017より引用)

つまり支援が必要な状況は3つある(本田, 2018)。過少性(ニーズがあっても相談しない)は本書で扱った事例であり，支援の目標は援助要請を促進することである。過剰性(相談しすぎる)も生活を共にする集団の中で問題となり得る。支援の目標は自分で解決できることはある程度自力で対処するよう促すこと(過剰な援助要請の抑制)である。そして，非機能性(相談がうまくない)に対しては上手に援助を求める方法(援助要請スキルなど)を獲得することが目標となる(図19-1)。本書の事例の大半は図19-1の介入④であり，豊富な事例が紹介されているとはいえ，援助要請に焦点を当てたカウンセリングのほんの一部に過ぎない。それほどまでに援助要請には困難さが伴うものであり，今後も様々な実践や研究が求められる。

2 今後勉強していく人のために

(1) 心理職として自己覚知を深めるために

ここまでの様々な議論をお読みいただいてわかるように，「援助要請」を理解し，支援につなげていくためには，これまで蓄積された様々な知識を取り入れていくことと同時に，援助者としての資質を高めていくことが不可欠

である。本書は主な読者層として,将来心理職になることを志す大学院生やその初心者を想定している。読者は,これまでの自身の訓練過程において,指導者から「他者を理解していく上では,自己理解が不可欠」といった言葉を聞いたことはないだろうか。

　心理職としてのキャリアを続けていくためには,内省は不可欠な作業である。それは,心理臨床を続けていく上でのエネルギーとなる。さらにそのエネルギーの存在は,クライエントとの「出会い」にもつながる。また,これはいわば邂逅というべき現象であるが,内省を経て,ようやくあるクライエントの言葉の意味に気づき,それが職業だけに留まらない「生きていく」上でのエネルギーにもなることもある。

　自己覚知とは臨床家自身の価値観や信念を理解することである。この自己理解が深まることは,対象者(他者)や,対象との自身との関係性を適切に見立てることにつながる。逆にこの適切な理解がない場合,来談者が抱える主訴以外の問題を,臨床家自身の価値観や信念によって必要以上に積極的に触れようとしたり,問題の複雑さに圧倒されてしまい無意識的に本質的な問題に触れなかったり,あるいは単純に,面接の場で出現した重要な現象を見落としてしまったりといった行動にもつながる。

　例えば,心理職自身の「援助要請の意味」を問い直すことは,結果的に対象者にとっての「援助要請の意味」を理解することにつながる。援助要請に関する自己覚知を促進する手がかりのひとつとして,個人の援助要請のスタイルを捉えるための**援助要請スタイル尺度**が存在する。これは,「よく考えれば大したことないと思えるようなことでも,わりと相談する」といった項目から測定される援助要請過剰型,「先に自分で,いろいろとやってみてから相談する」といった項目からなる援助要請自立型,そして,「悩みが深刻で,一人で解決できなくても,相談はしない」などの援助要請回避型という3つの側面から援助要請のスタイルを捉えるものである(永井, 2013)。読者自身は,過剰型・自立型・回避型のいずれの傾向を有していると言えるであろうか。そして,こうした傾向が自分自身の日々の臨床の在り方にどのように結びついているであろうか。

　こうした問いを投げかけたのは,心理職自身が援助要請をする存在だからである。いうまでもなく,心理職自身一人の人間であり,日ごろの生活の中

で援助要請をする，あるいはためらうことがあるだろう。そして，こうした心理職自身の日ごろの援助要請への構えによって，クライエントの援助要請の見え方が異なってくる可能性があるのである。例えば，日ごろから他者に助けを求めることが苦手な回避型の傾向を持つ心理職は，ときにクライエントに対して「なぜこの程度のことで相談してきたのだろう」と，あきれるような感情を体験したり，逆に「せっかく相談してくれたのだから，何としてでも力になりたい」と，過度に肩入れするような感情を体験し，それが臨床の場に影響を与えるかもしれない。そのため心理職は，自身の援助要請に対する姿勢を理解しようと努め，それが，「援助を要請する者」としてのクライエントへの理解や関わりにどのように影響しているのかを，理解する必要がある。

　こうした「援助要請の意味」には，個人が持つ要因だけが関与するわけではない。われわれを取り巻く社会や文化もまた，その意味づけに密接に関与している。実際，弱さを見せること，人に頼ること，また身内ではなく心理職などの専門家に頼ること等の意味づけは，文化によっても異なる。そのため心理職自身の，あるいはクライエントの援助要請を理解するためには，こうした**社会－文化的**な視点も重要である。しかしわれわれは，日常的にその社会－文化的文脈を前提として生活しているため，こうした影響には気づきにくいものである。そのため，社会－文化的な影響への自覚を得るためには，やはり心理職自身の自己覚知が不可欠なものであるといえる。

　このように，自己覚知によって対象者や援助過程で生じていることそれ自体への理解と，その意味の探求を続けていくことは，心理職にとって不可欠であり，それはクライエントの援助要請を理解する上でも重要な営みであるといえるのである。

(2) 心理職である自分自身の援助要請から学べること

　このように，心理職はメンタルヘルスの問題を抱える相談者に対して専門的な心理的援助や支援を提供する側の専門家であると同時に，自身も援助を求める存在である。同様に，メンタルヘルスの問題も心理職自身にとって他人事ではない。イギリスの心理専門職を対象とした調査によれば，過去1週間に43％の人が抑うつ感を経験し，42％の人が自分はダメな人間のよう

に感じると回答した（Rao et al., 2018）。

　また，心理専門職のバーンアウトという問題も存在する。**バーンアウト**とは「人を相手にする仕事に従事する人に多く生じる，情緒的な消耗と冷淡な態度を示す症候群」（Maslach & Jackson, 1981）である。バーンアウトは，「情緒的消耗感」（仕事を通じて情緒的に力を出し尽くし，消耗してしまった状態である），「脱人格化」（援助対象者に対する無情で非人間的な対応），「個人的達成感の低下」（職務に関わる有能感，達成感の低下）という3つの構成要素を持つとされ，その中でも「情緒的消耗感」が，バーンアウトの中核症状とされる（田尾・久保, 1996）。心理専門職を対象としたバーンアウト研究のレビューからは，「脱人格化」，「個人的達成感の減退」よりも「情緒的消耗感」について報告されている研究が多く（McCormack et al., 2018），またバーンアウトの心理専門職はメンタルヘルスの他の専門職と比べて，「情緒的消耗感」が高いこと（Dreison et al., 2018），さらに，「情緒的消耗感」は，職業ストレスと比べて，退職意図とより強い関連を示していた（Acker, 2012）。

　心理専門職のバーンアウト軽減に対しては，ソーシャル・サポート，職場のサポート，そしてスーパーバイザーからのサポートが有益であるが（Hammond et al., 2018），心理職である（あるいは心理職を目指している）読者は，悩みを抱えて自分一人の力では解決できないときに，どのように考え，行動するであろうか。あなたが心理職として関わるケースのことで悩んだ際に，同僚や上司に相談したり，あるいは**スーパービジョン（SV）**を受けることに，ためらいや抵抗感を感じることはないだろうか（もちろん，そうしたためらいや抵抗感は，スーパーバイジー個人の感情とは限らず，スーパーバイザーとの関係性の中で生じる情緒的経験であるともいえる）。

　心理職自身が体験する援助要請への意識を理解することは，このように効果的なSVを実現する上でも重要である。それによって，心理職自身のメンタルヘルスの増進，バーンアウトの予防や，クライエントへのよりよい援助の提供につながる。こうしたことが結果として，専門的な心理的援助サービスを利用する国民の健康の保持・増進に寄与することとなる。

　繰り返し述べているとおり，こうした点は，すでに多くの心理臨床の研究や理論の中で様々な形で語られている部分も多い。しかしながら，こうした

点を「援助要請」というキーワードから捉えなおしたとき，クライエントの支援，心理職自身の成長や健康について新たな示唆が得られるはずである。ぜひ読者の方も，この機会に自分自身の援助要請について一度振り返ってみてはいかがだろうか。

■引用文献

Acker, G. M. 2012 Burnout among mental health care providers. *Journal of Social Work*, 12, 475-490. doi: 10.1177/1468017310392418

Dreison, K. C., White, D. A., Bauer, S. M., Salyers, M. P., & McGuire, A. B. 2018 Integrating self-determination and job demands-resources theory in predicting mental health provider burnout. *Administration and Policy in Mental Health and Mental Health Services Research*, 45, 121-130. doi: 10.1007/s10488-016-0772-z

Gulliver, A., Griffiths, K. M., Christensen, H., & Brewer, J. L. 2012 A systematic review of help-seeking interventions for depression, anxiety and general psychological distress. *BMC Psychiatry*, 12, 81. doi: 10.1186/1471-244X-12-81

Hammond, T. E., Crowther, A., & Drummond, S. 2018 A thematic inquiry into the burnout experience of Australian solo-practicing clinical psychologists. *Frontiers in Psychology*, 8, 1996. doi: 10.3389/fpsyg.2017.01996

本田真大 2015 援助要請のカウンセリング──「助けて」と言えない子どもと保護者の心理．金子書房．

本田真大 2017 いじめに対する援助要請のカウンセリング──「助けて」が言える子ども，「助けて」に気づける援助者になるために．金子書房．

本田真大 2018 援助要請の最適性と機能性──「相談すること」の困難さに関する研究と実践．日本学校心理士会年報，10, 33-41．

本田真大・水野治久 2017 援助要請に焦点を当てたカウンセリングに関する理論的検討．カウンセリング研究，50, 23-31. doi: 10.11544/cou.50.1_23

Maslach, C. & Jackson, S. E. 1981 The measurement of experienced burnout. *Journal of Occupational Behavior*, 2, 99-113. doi: 10.1002/job.4030020205

McCormack, H. M., MacIntyre, T. E., O'Shea, D., Herring, M. P., & Campbell, M. J. 2018 The prevalence and cause(s) of burnout among applied psychologists: A systematic review. *Frontiers in Psychology*, 9, 1897. doi: 10.3389/fpsyg.2018.01897

永井智 2013 援助要請スタイル尺度の作成──縦断調査による実際の援助要請行動との関連から．教育心理学研究，61, 44-55. doi: 10.5926/jjep.61.44

Rao, A., Clarke, J., Bhutani, G., Dosanjh, N., Cohen-Tovee, E., & Neal, A. 2018 *Workforce wellbeing survey 2014-2017*. British Psychological Society. https://www1.bps.org.uk/system/files/user-files/DCP%20Leadership%20and%20Management%20Faculty/public/Wellbeing%20survey%20results%20March%202018%20final%20v2.pdf（2019年3月31日閲覧）

田尾雅夫・久保真人 1996 バーンアウトの理論と実際──心理学的アプローチ．誠信書房．

監修者・編者紹介

監修者

水野 治久（みずの はるひさ）　大阪教育大学大学院連合教職実践研究科教授
博士（心理学）。公認心理師，学校心理士スーパーバイザー，臨床心理士。著書に『子どもと教師のための「チーム援助」の進め方』（金子書房），『援助要請と被援助志向性の心理学』（監修，金子書房）ほか。

編　者

木村 真人（きむら まさと）　大阪国際大学・大阪国際大学短期大学部基幹教育機構准教授
博士（心理学）。公認心理師，臨床心理士。著書に『大学生の学生相談に対する援助要請行動 ── 援助要請研究から学生相談実践へ』（風間書房）ほか。

飯田 敏晴（いいだ としはる）　立正大学心理学部臨床心理学科特任講師
博士（心理学）。公認心理師，多文化間精神保健専門アドバイザー，臨床心理士。著書に『エイズ相談利用促進に関わる規定要因の心理学的検討』（風間書房）ほか。

永井 智（ながい さとる）　立正大学心理学部臨床心理学科教授
博士（心理学）。臨床心理士。著書に『中学生における友人との相談行動 ── 援助要請研究の視点から』（ナカニシヤ書店）ほか。

本田 真大（ほんだ まさひろ）　北海道教育大学函館校准教授
博士（心理学）。公認心理師，臨床心理士，学校心理士。著書に『援助要請のカウンセリング』『いじめに対する援助要請のカウンセリング』（金子書房），『中学生の援助要請行動と学校適応に関する研究』（風間書房）ほか。

執筆者一覧

水野 治久	…監修者	まえがき，2章
木村 真人	…編 者	1章，4章，19章
飯田 敏晴	…編 者	1章，6章，19章
永井 智	…編 者	1章
本田 真大	…編 者	3章，8章，19章
梅垣 佑介	奈良女子大学生活環境学部	5章
千賀 則史	名古屋大学ハラスメント相談センター	7章
末木 新	和光大学現代人間学部	9章
関屋 裕希	東京大学大学院医学系研究科精神保健学分野	10章
榎本 正己	株式会社ジャパンEAPシステムズ	11章
米田 弘枝	立正大学心理学部	12章
村尾 泰弘	立正大学社会福祉学部	13章
田中 健夫	東京女子大学現代教養学部	14章
金子 周平	九州大学教育学部／大学院人間環境学研究院	15章
石川 信一	同志社大学心理学部	16章
肥田 乃梨子	同志社大学研究開発推進機構	16章
藤田 博康	駒澤大学文学部	17章
大西 晶子	東京大学グローバルキャンパス推進本部	18章
久世 恭詩	依存症回復支援施設「ひまわり」	COLUMN 1
渋谷 幸靖	NPO法人 再非行防止サポートセンター愛知	COLUMN 2
飛嶋 一歩	CoPrism	COLUMN 4
四辻 伸吾	大阪教育大学附属平野小学校	COLUMN 5
久田 満	上智大学総合人間科学部	COLUMN 6

（所属は2019年4月現在）

事例から学ぶ 心理職としての援助要請の視点
「助けて」と言えない人へのカウンセリング

2019年5月30日　初版第1刷発行　　〔検印省略〕

監修者	水野治久
編　者	木村真人
	飯田敏晴
	永井　智
	本田真大
発行者	金子紀子
発行所	株式会社 金子書房
	〒112-0012　東京都文京区大塚3-3-7
	TEL 03(3941)0111(代)
	FAX 03(3941)0163
	http://www.kanekoshobo.co.jp
	振替 00180-9-103376
印　刷	藤原印刷株式会社
製　本	株式会社宮製本所

©Haruhisa Mizuno et al., 2019　　Printed in Japan
ISBN978-4-7608-2671-1　C3011